GENAU SO ANDERS

ZUM EVANGELISCHEN PROFIL DER DIAKONIE

Heinz-Werner Frantzmann
Eberhard Hauschildt
Annette Hohnwald
Wolfgang Huber
Klaus-Dieter Kottnik
Adolf-Leopold Krebs
Ulrich Lilie
Thorsten Nolting (Hg.)

Inhalt

Thorsten Nolting
4 Vorwort

Eberhard Hauschildt
8 Fachlichkeit – Aufstieg und Niedergang einer Monopolstellung in diakonischen Einrichtungen

Wolfgang Huber
16 Die zukünftige Gestalt der Diakonie

Klaus-Dieter Kottnik
28 Warum die Diakonie am Dritten Weg festhält

Adolf-Leopold Krebs
32 Ein notwendiger Dialog. Zur Gestaltung der Schnittstellen zwischen sozialer Arbeit, Pflege und Theologie in der Praxis

Ulrich Lilie
44 Satzungen lassen sich ändern
Diakonie im Kirchenkreis Düsseldorf

Thorsten Nolting
50 Atmosphärische Qualitäten
Über das Evangelische in der Diakonie

Heinz-Werner Frantzmann
66 Zur Unterstützung des evangelischen Profils der Diakonie durch die Kirchengemeinden

Frantzmann/Hohnwald/Nolting
78 Zum Stand der Dinge
Die Diakonie Düsseldorf

92 Autoren

THORSTEN NOLTING

Vorwort

Die kluge Regel mittelalterlicher Theologie „Mach einen Unterschied" bietet sich auch heute an, wenn es darum geht, präzise und klar die eigene Position zu beschreiben. Dies ist auf die Diakonie bezogen einfach und schwer zugleich. Einfach ist es, die Diakonie als evangelische Sozialarbeit auf ihre konfessionelle Legitimation zurückzuführen und so ein Alleinstellungsmerkmal zu benennen. Schwer ist es, weil die Arbeit der freien Wohlfahrt und das Eintreten für soziale Gerechtigkeit auch bei anderen Wohlfahrtsverbänden und sozialen Einrichtungen auf fachlich fundiertem Niveau geschieht und sich hier Unterschiede nicht zwingend am Prädikat „evangelisch" festmachen lassen. Unter dem Titel „Genau so anders" wird nach den Unterschieden gesucht, ohne den anderen Akteuren ihre guten und in vielen Fällen hoffentlich auch christlich motivierten Absichten abzusprechen.

Im ersten Teil sind Analysen und Impulse für eine profilierte diakonische Ausrichtung von Diakonie und Kirche gesammelt. Ein zweiter Teil stellt verschiedene Konkretionen am Beispiel eines kreiskirchlichen Diakonischen Werks, der Diakonie Düsseldorf, dar.

Eberhard Hauschildt verdeutlicht im Auftaktartikel, wie sich die Fokussierung der diakonischen Organisationsentwicklung auf die Fachlichkeit bis in die 90er-Jahre hinein so weit steigert, dass Fachlichkeit und Diakonie nahezu gleichgesetzt werden. Der Mythos verliert seine Wirkung dann unter dem Eindruck der Betriebswirtschaft, die seitdem beansprucht, als Leitwissenschaft zu dominieren. Die Frage nach dem Verhältnis dieser beiden Ansprüche verschärft die Frage nach dem Eigenen der Diakonie.

Wolfgang Huber hat als Ratsvorsitzender der EKD mit dem Papier „Kirche der Freiheit" auch für das Verhältnis von Diakonie und Kirche einen Blick in die Zukunft gewagt. Sein Beitrag konkretisiert diese Zukunftsperspektive und fordert Kirche und Diakonie zu einer gemeinsamen Anstrengung heraus. Die Zuwendung zum Menschen ist das entscheidende Markenzeichen, das sich in der vorrangigen Option für die Armen, in der ökumenischen Weite des Auftrags, der Praxis der Nächstenliebe und dem Eintreten für Gerechtigkeit und Solidarität konkretisiert.

Klaus-Dieter Kottnik sieht die Diakonie vor der großen Herausforderung, sich in einem Handeln auszudrücken, das sich als Fortführung des gottesdienstlichen Zuspruchs mit anderen Mitteln versteht. Bezogen auf die Tarifgestaltung und das Festhalten am Dritten Weg heißt das für ihn, Konflikte partnerschaftlich und in gegenseitigem Respekt auszutragen. Er sieht hier Diakonie und Kirche als gesellschaftliche Vorbilder für die Gestaltung von Tarifkonfliktlösungen gefragt.

Für Adolf-Leopold Krebs liegt im Dialog zwischen Theologie und den Handlungswissenschaften Pflege und Sozialarbeit die Chance, diakonische Identität jenseits von theologischen Proklamationen im Arbeitsalltag zu erleben. An den drei Beispielen geplante Qualität und Wirtschaftlichkeit, Intervention und ganzheitliche Bildung wird dies exemplarisch ausgeführt.

Ulrich Lilie eröffnet den zweiten Teil, der die Beschreibung des evangelischen Profils an der konkreten Situation in Düsseldorf reflektiert. Mit der Errichtung eines Kirchenkreises anstelle von dreien war die Gelegenheit gegeben, das Diakonische Werk des Kirchenkreises in die synodalen Strukturen einzubinden. Erste positive Auswirkungen lassen sich bereits benennen.

Der Text „Atmosphärische Qualitäten" versucht, am Beispiel der Diakonie Düsseldorf die Resultate eines Prozesses der bewussten evangelischen Neuausrichtung aufzuzeigen und zu bewerten. Der Begriff der Atmosphäre soll dabei die Haltung der Institution und die unmittelbare Situationsgestaltung durch den Mitarbeitenden mit den jeweiligen Anteilen beschreiben. Zur näheren Bestimmung der Atmosphäre in diakonischen Einrichtungen wird die Nächstenliebe als Schlüsselbegriff des tätigen Christseins herangezogen.

Inwieweit können Kirchengemeinden das evangelische Profil diakonischer Einrichtungen, die nicht durch sie geführt werden, unterstützen und prägen?

Heinz-Werner Frantzmann geht dem nach und identifiziert in der seelsorgerlichen Unterstützung, im Deutungshandeln der Gemeinde im Gottesdienst, in ehrenamtlichen Aktivitäten in diakonischen Einrichtungen und in gemeinwesenorientierten Aktivitäten auf dem Gebiet der Kirchengemeinde wesentliche Impulse zur Stärkung des evangelischen Profils der Diakonie.

Am Ende steht eine Momentaufnahme quer durch verschiedene Bereiche der Diakonie Düsseldorf, die ein realistisches Bild wiederzugeben versucht. Die Darstellung macht einerseits deutlich, wie weit Leitbildvorstellungen, Kooperationen mit Kirchengemeinden vor Ort, Identifikation mit dem christlichen Menschenbild und geistliches Leben bereits umgesetzt sind, und andererseits, dass es sich in vielen Fällen noch um eine Addition von Geistlichem zu Fachlichem unter den ökonomischen Zwängen der Gegenwart handelt – und nicht um ein schlüssiges Ganzes. Vor dem Hintergrund dieser Bestandsbeschreibung zeichnen sich Konturen eines künftigen Mit- und Ineinanders von Kirche und Diakonie ab.

Die Impulse der Beiträge bündeln sich in der Herausforderung an diakonische Einrichtungen, erfahrbar Teil der Kirche zu sein. Das ist der Fall, wenn das diakonische Handeln institutionell als Nächstenliebe qualifiziert ist und die Motivation der Mitarbeitenden durch eine gelungene Verschränkung von Fachlichkeit, theologischer Deutung und geistlichem Leben unterstützt wird. Das kann den Unterschied machen.

EBERHARD HAUSCHILDT

Fachlichkeit

Aufstieg und Niedergang einer Monopolstellung in diakonischen Einrichtungen

In einer Unterrichtsstunde einer Ausbildung in Sozialmanagement, als ich den Begriff *Helfen* einbringe, meldet sich ein Student, ausgebildeter Sozialpädagoge, und berichtet. Er habe gelernt, Helfen sei kein angemessener Begriff; es gehe für ihn im sozialen Beruf allein um die Fachlichkeit. Dafür sei eine Hilfemotivation irrelevant, ja schädlich, weil sie die Fachlichkeit störe. Ich will nicht unterschlagen, dass dieser Student seine Ausbildung an einer ostdeutschen Universität erhielt und er wohl mit seiner Äußerung auch die Absicht verfolgte, dem theologischen Ausbilder zu zeigen, was er davon halte, dass sich die Kirchen mit ihrer Diakonie wieder so breitgemacht hätten im Osten.

Sachlich konnte ich dem Studenten entgegenhalten, dass der große Systemtheoretiker Niklas Luhmann 1973 einen ganzen Aufsatz der Frage nach den „Formen des Helfens im Wandel gesellschaftlicher Bedingungen" gewidmet habe. Freilich kommt auch Luhmann zu dem Schluss: „mit dem Pathos des Helfens ist es vorbei", und „ein einheitliches Muster, eine religiöse oder moralische Formel [ist] entbehrlich geworden". Die These jenes Studenten von Fachlichkeit statt Helfen beschreibt auch für den Westen eine Haltung, die zumindest in einer bestimmten Periode der sozialen Arbeit in Deutschland vorherrschend war. Der Blick auf diesen

Zeitraum der 1970er bis 1990er Jahre, also auf diejenige Phase, die sich gerade von der unserer Gegenwart als doch deutlich andere Zeit abhebt, ist lehrreich. Leider ist dieser Teil der Geschichte in der Diakonieforschung noch wenig aufgearbeitet; er wirkt in Personen und Programmen, wie auch das Beispiel aus dem Unterricht zeigt, bis in die Gegenwart hinein.

Ihren Siegeszug in der Diakonie tritt die Fachlichkeit in den 1970er Jahren an. Nicht dass davor die Fachlichkeit in der Diakonie keine Rolle gespielt hätte. Von Anfang an ist der Aufstieg der Diakonie in der zweiten Hälfte des 19. Jahrhunderts ja begleitet vom Aufstieg der fachlichen Perspektiven. Er geschieht parallel zur Entwicklung des modernen Krankenhauses inklusive seiner pflegerischen Fachlichkeit. Die christliche Bezeichnung der *Schwester* Diakonisse wird zur Normalbezeichnung des Pflegeberufs. Diakonissen und Diakone wurden ausgebildet auch in pflegerischer, pädagogischer und sozialarbeiterischer Fachlichkeit, und dies je länger, desto mehr. Dabei setzten dann zunehmend die staatlichen Stellen die Standards und die Diakonie – ich meine zu Recht – passte sich hier in ihren Ausbildungsgängen auch an – musste sich anpassen, wenn sie staatliche Anerkennung als Fachabschlüsse in der Ausbildung ihrer Diakonissen und Diakone haben wollte. Der Weg war richtig – es kann nicht angehen, dass Pflege aus diakonischen Motiven, die sich in die Form eines Lebensberufes fasst, hinter den sonstigen Standards in der Gesellschaft, wie diese Hilfe fachlich auszuführen sei, zurückbleibt.

Eine neue Situation entsteht in der Diakonie da, als die Diakonissen als das Rückgrat weiter Teile der Diakonie Stück für Stück ausfallen. Gleichzeitig wird die Menge an Arbeitsstellen in der Diakonie ausgeweitet. Die Lücke füllen nun Personen, die eben eine Fachausbildung genossen haben. Aus dem Berufsbild Diakon wird tendenziell eine Zusatzausbildung. Die Patientinnen und Patienten haben, wenn ich es recht sehe, dem Verschwinden der Diakonissen mehr und länger nachgetrauert als die Diakonie selbst. Denn innerhalb der Diakonie bedeutete die verstärkte Fachlichkeit auch einen Gewinn an Freiheit. Der Diakonissenberuf hatte sich nicht rechtzeitig mitmodernisiert, sondern man hielt noch in den 1950er Jahren und weitgehend auch in den 1960er Jahren an der Vorstellung eines Lebensauftrags im Zölibat und am Ideal der Formatierung der Mitarbeitenden der Diakonie in einer gemeinsamen Frömmigkeit fest. Diese brach nun in den Einrichtungen der Diakonie oft innerhalb weniger Jahre ab, beschleunigt durch Führungswechsel, bei denen Charismatiker und

Praktiker der Nachkriegszeit abtraten. Zwar wurden die Einrichtungen der großen diakonischen Träger oft auch weiterhin von Pfarrern geleitet, doch dies allein hielt den Kulturwandel in der Diakonie nicht auf. Die Pfarrer der 1970er bis 1990er Jahre wollten sich auch dem Wandel meist gar nicht entgegenstellen und sie hätten es alleine auch nicht gekonnt. Etwas zeitverzögert zu den Diakonissen verlor auch der andere spezifische diakonische Beruf des Diakons (und der Diakonin) in den großen Einrichtungen an Gewicht. Die Fachlichkeit allein zählte ja. Zahlenmäßig von je her nur rund ein Zehntel der Zahl der Diakonissen ausmachend, blieb er auf der Fach(hoch)schulebene stehen und es kommen damit heute Diakone in der Regel nicht mehr im Vergleich zu den höher akademisierten Berufen für Führungspositionen in der Diakonie in Frage.

So ergab sich ein Monopol der Fachlichkeit. Deren Logik bestimmte nun fast allein die Entscheidungen der diakonischen Träger und die Kultur der Einrichtungen. Dabei lag die Differenz zwischen Diakonie und der Fachlichkeit der 1970er Jahre gerade nicht so sehr an moralischem Timbre. Der Aufstieg sozialwissenschaftlicher Fachlichkeit geschah ja mit dem Anspruch, durch Psychologie und Soziologie, Sozialpädagogik und Sozialarbeit die Welt zu verbessern. Je mehr Fachlichkeit, desto besser die Welt – so lautete das Versprechen. Und wer die Welt verbessern wollte, der wählte in den 1960er und 1970er Jahren eben nicht einen technischen oder einen ökonomischen Beruf, sondern einen mit sozialer Ausrichtung.

Die Fachlichkeit versprach, Krankheit und Leid, psychische und soziale Deformationen wenn nicht ganz aufzuheben, so doch zumindest entscheidend verbessern zu können und so eine neue, eine gerechte, eine gute Gesellschaft zu schaffen. Die Ernüchterung auf dem politischen Feld erfolgte allerdings schon bald. Die Stimmung begann sich zu individualisieren. Die Fachkulturen konnten sich zunächst weiter spezialisieren und innerhalb ihres jeweiligen Faches die Erwartungen so weiter kultivieren. In dieses Bild passt auch, wie in der Geschichtsschreibung des eigenen Faches die religiösen Ursprünge in Diakonie und Caritas ausgeblendet werden. In der Literatur für die Ausbildung in Sozialarbeit erscheinen diese Anfänge als die vorwissenschaftliche und religiös-unfachliche dunkle Folie, von der sich dann die endlich aus den Fängen der Religion befreite Fachlichkeit abheben kann.

Innerhalb der Kirche wurde diese Entwicklung sehr kritisch begleitet. Die gewisse Entfremdung, die schon immer aufgrund der in vielen Fällen organisatorischen Unabhängigkeit der Diakonie in Vereinsform bestand, vertiefte sich. So wurde nun verstärkt das Problem des Verhältnisses von Diakonie und Kirche thematisiert. Und dies bleibt ein Dauerthema bis heute hin. Von Seiten der Kirche warf man der Diakonie vor, sie habe die Kirchlichkeit verraten. Die Erwartungen an die Diakonie gingen dann aber im Wesentlichen nicht darüber hinaus, die Zustände am liebsten wieder zurückdrehen zu wollen zu den Zeiten, in denen die Diakonissen in Übereinstimmung mit kerngemeindlicher Frömmigkeit formiert worden waren. Einige solcher Stimmen finden sich bis heute. Manche pastoralen Leiter diakonischer Einrichtungen stimmten in das Lied ein oder verwiesen darauf, dass es doch immer noch Andachten gäbe. Die andere Möglichkeit war, solchen Vorwürfen zu entgegnen, dass die Kirche den Modernisierungsschub nicht mitgemacht habe, sodass die Diakonie jetzt viel näher an der Wirklichkeit der Menschen sei. Diakonie vollziehe den (fachlichen) Fortschritt mit auf dem Weg zu Verbesserung der Welt, während die Kirche de facto mit den konservativen Milieus zurückbleibe.

In der Entwicklung während der 1970er bis 1990er Jahre wird die Fachlichkeit zunehmend selbstreferentieller, man schließt sich ein in die jeweiligen Fachwelten des eigenen Arbeitsbereiches und seiner Leitwissenschaft. Das ist in einer Phase der immer weiteren fachlichen Ausdifferenzierung von Tätigkeitsfeldern, solange sie finanziert werden kann, zunächst kein Problem. Freilich wird es in den Gesamteinrichtungen der Diakonie so immer schwieriger, die einzelnen Tätigkeitsbereiche irgendwie als ein Gemeinsames zu begreifen und zur Darstellung zu bringen.

Wenn dann doch einmal die Aufgabe besteht, zu benennen, was die Diakonie ausmacht, so findet sich immer mehr als die einzige gelebte Logik, die bisweilen dann auch schriftlich vertretenen wird: Das Diakonische an der Diakonie ist ihre Fachlichkeit. Das hat gegenüber einer ehrenamtlichen Diakonie in den Gemeinden und gegenüber den Hegemonialansprüchen der Kirche noch eine gewisse Aussagekraft. Es bleibt innerhalb des Konzertes anderer sozialer Träger allerdings vollkommen blass. Somit lässt sich ihnen gegenüber nicht benennen, was die Diakonie unterscheidet von anderen Anbietern.

So zu fragen, nimmt allerdings auch eine Perspektive ein, die im Laufe der Zeit schrittweise dem Mythos der alleinigen Fachlichkeit das Monopol streitig macht. Es beginnt sich eine Schere aufzutun zwischen dem, was fachlich möglich und fachlich erforderlich wäre einerseits, und dem, was andererseits der Sozialstaat finanzieren kann oder finanzieren will. Von Seiten der Kostenträger und der staatlichen Sozialpolitik tauchen jetzt Einschränkungen der Fachlichkeit auf. Dass das, was nötig und möglich wäre, deswegen nicht geht, weil es nicht finanziert wird, wird immer mehr zum Normalfall. Die schönen fachlichen Konzepte bleiben Papier.

Damit beginnen verstärkt seit den 1990er Jahren ökonomische Sachverhalte in den Vordergrund zu treten. Nicht dass das Geld früher keine Rolle gespielt hätte. In den Anfängen der Diakonie im 19. Jahrhundert war diese zunächst fast vollständig auf Spenden von Mitgliedern und Freunden angewiesen, bevor dann die Vermietung der Dienste von Diakonissen und Diakonen an andere Träger mittels sogenannter „Gestellungsverträge" zur wichtigen Einnahmequelle wurde. Im 20. Jahrhundert folgten die durch Sozialversicherung und Sozialgesetzgebung generierten Einnahmen und ließen die diakonischen Einrichtungen erst richtig wachsen. Dass die Erwartung von Fachlichkeit und Professionalisierung sich in der Diakonie so stark und reibungslos durchsetzte, hängt damit zusammen, dass die Geldgeber ihre Zahlungen an entsprechende Bedingungen knüpfen konnten. So ist die Ökonomie schon immer präsent. Inzwischen aber hat die ökonomische Perspektive die Position der Leitlogik für die Entwicklungen in der sozialen Arbeit eingenommen.

Dabei hat diese Logik einen Zwitter-Charakter. Zunächst kommt sie daher wie eine weitere fachliche Perspektive, eben die der Betriebswirtschaft. Und in der Tat zeigt sich, dass auf dem Gebiet der betriebswirtschaftlichen Fachlichkeit in den Bereichen der sozialen Arbeit großer Nachholbedarf bestand. Standards der Organisationsentwicklung, angefangen von der Leitbildentwicklung über die Außendarstellung bis hin zur Leitungsstruktur, Finanzstruktur, Personalentwicklung, zum Qualitätsmanagement, also die Standards von Management und Controlling überhaupt, wurden eingebracht. Aber bei aller betriebswirtschaftlichen Fachlichkeit – diese Standards etablierten nun eben nicht irgendeinen Einzelbereich der Einrichtung neben den anderen bestehenden Einzelbereichen mit ihren Fachlichkeiten, sondern ihre Fachlichkeit liegt quer zu den anderen, erfasst sie alle mit. Der Weg geht jetzt gerade nicht mehr in Richtung einer weiteren Segmentierung, sondern zielt auf Integration. Über die ausdifferenzierte Fachlichkeit legt sich nun die betriebswirtschaftliche Betrachtung mit ihrem Verständnis von Organisation; sie wirkt direkt auf die Schlüsselstellen des Gesamten ein: das Selbstverständnis von

Organisationsleitung, die Darstellung in der Öffentlichkeit, die Entscheidungsprozesse. Die Fachleute für betriebswirtschaftliche Fachlichkeit, insbesondere Controlling und QM-Maßnahmen werden in Stabsstellen direkt bei der Leitung angesiedelt und greifen von dort aus in alle Bereiche ein. Diese Fachlichkeit ist nicht mehr auf die Hilfeprozesse direkt bezogen, sondern auf die Organisation von Bereichen, die Hilfeprozesse anbieten.

Hinter der betriebswirtschaftlichen Fachlichkeit stehen nun aber klare politische Interessen. Setzte in den 1970er Jahren der Staat das *Dass* von Fachlichkeit flächendeckend in der Diakonie durch, so zielen die neuen Regelungen darauf, eine bestimmte Fachlichkeit, eben die der Betriebswirtschaft, zur Leitfachlichkeit zu machen. Der Grund ist eindeutig: Man verspricht sich davon Kostenreduktion. Es geht schlicht und einfach darum, dass die Betriebswirtschaft verspricht, ein optimales, will sagen kostengünstiges Preis-Leistungs-Verhältnis zu errichten. Wobei, eben im Gegensatz zur Profitwirtschaft, diejenigen, die möglichst kostengünstige Preise bezahlen sollen, und die Hilfebedürftigen, die das Produkt Hilfe annehmen, eben nicht identisch sind und sich so keine automatische Balance einstellen kann. Darum muss die Qualität des Produkts anders abgesichert werden.

Hier tauchen neue Fragestellungen auf, und es wird einer späteren Generation vorbehalten sein, genauer zu beurteilen, wie sich die Spitzenstellung der Ökonomie auf das diakonische Handeln auswirkt. Derzeit ist offen, ob die Zergliederung des Helfens in überprüfbare Einzelbausteine zu einem besseren Gesamtergebnis führen wird. Es ist offen, ob die Kostenreduktion für einzelne Leistungsträger in der gesamtgesellschaftlichen Bilanz tatsächlich die Kosten reduziert oder sie nur woanders hin verschiebt. Es ist offen, ob die Logik der Autonomie der Helfenden als Kunden, die sich ihre Leistungspakete selbst zusammenschnüren, wirklich für alle Leistungsempfänger, die mit gravierenden psychischen und geistigen Einschränkungen zu tun haben, passt oder ob nicht nur eine zusätzlich zu bezahlende Profession des Casemanagers etabliert wird. Es ist offen, ob die Rückkehr in ambulante Formen vor Ort tatsächlich zu einer größeren Integration von vorher in Heimen abgeschotteten Menschen in die Gesellschaft führt. In jedem Fall tun sich in der veränderten Lage neue Optionen für das Verhältnis von Diakonie und Kirche auf.

Es ist möglich, dass sich nun die in die Jahre gekommenen Vertreter der entthronten Fachlichkeit und der schon längst in der hinteren Reihe sich befindenden Kirchlichkeit in der Diakonie verbünden in einem Strukturkonservatismus und das Loblied der ökonomiefreien Zonen und der unmittelbaren menschlichen und fachlichen Begegnung vor Ort singen: Wie viel besser war es doch früher, als wir noch tun konnten, was wir wollten.

Es ist auch denkbar, dass Fachlichkeit und Kirchlichkeit ihre Gemeinsamkeit darin entdecken, einzubringen, dass ein gesellschaftlicher Diskurs darüber geführt wird, welches Helfen, weil es fachlich und moralisch gut ist, sich die Gesellschaft leistet.

Die Diakonie hat derzeit noch einen Zeitvorsprung in Erfahrung und Kenntnis ökonomisch-betriebswirtschaftlicher Logik im Vergleich mit der Kirche. Dieser kann der Kirche zur Verfügung gestellt werden, auch dazu, dass diese in ihrem Umgang mit der neuen Organisationsökonomie nicht immer mit Blick auf das Feindbild der Non-Profit-Organisationen ihre Abwehr legitimiert, sondern darauf schaut, welche Erfahrungen es längst in Non-Profit-Organisationen gibt.

In der betriebswirtschaftlichen Logik gerät die Kirchlichkeit zur Unique Selling Proposition der Diakonie. Wenn dies nicht in Richtung einer Nischen-Marke für Kirchenkernmitglieder entwickelt wird, sondern in Richtung auf eine protestantische Sensibilität für ethische Ambivalenzen und religiöse Suchprozesse, kann daraus m. E. ein echter Marktvorteil werden. Dies aber nur dann, wenn es gelingt, die Mitarbeitenden, die da sind, ebenfalls in diese ethische und religiöse Sensibilität mitzunehmen als etwas, das auch für sie als Mitarbeitende attraktiv ist.

In dem Trend zur Ambulantisierung sozialer Hilfe wird für die Diakonie der Kontakt zu den Gemeinden wieder neu interessant, umgekehrt bringt die größere Ökonomisierung bislang in Gemeinden angesiedelter Bereiche (die Entwicklung vom Einzelgemeinde-Kindergarten zum sozialen Zentrum und zu einer ökonomischen Risikoverteilung durch Kindergartenverbünde) wieder neu die diakonischen Träger in den Blick.

Dass Kirchlichkeit, Fachlichkeit und Ökonomie um den Einfluss auf die Diakonie ringen, dass hier Spannungen bestehen, dass hier zu unterschiedlichen Zeiten mal die eine Kraft, mal die andere sich als die stärkere zeigt, erstaunt auf der Ebene der Theoriebildung nicht. Diakonie gehört zu den Organisationen des intermediären Sektors, dessen Kennzeichen es gerade ist, zwischen verschiedenen Logiken zu vermitteln: der Logik einer wertebestimmten Quasifamilie aus dem Motiv der Liebe, der Logik einer sachlichen und fachlichen und ausgleichenden Zurverfügungstellung von in der Gesellschaft vorhandenen Gütern und der Logik auf einem Markt konkurrierender Akteure. Die Sache bleibt spannend. Lösungen müssen in jeder Zeit neu ausprobiert werden. Die Vielfalt der Diakonie, die ja nicht nur aus den großen Organisationen besteht, auf die sich die obigen Überlegungen bezogen, sondern eben auch aus gemeindlicher Diakonie, aus Basisinitiativen und auch aus den alltäglichen spontanen Formen helfenden Handelns, balanciert diese Kräfte je verschieden aus.

PROF. DR. DR. H.C. WOLFGANG HUBER

Die zukünftige Gestalt der Diakonie

Übereinstimmend erklären Kirche und Diakonie, Diakonie sei eine „Wesens- und Lebensäußerung der Kirche" und erläutern dies in der Satzung des Diakonischen Werks der EKD in der Fassung vom 13. Oktober 2004:

„Die Kirche hat den Auftrag, Gottes Liebe zur Welt in Jesus Christus allen Menschen zu bezeugen. Diakonie ist eine Gestalt dieses Zeugnisses und nimmt sich besonders der Menschen in leiblicher Not, in seelischer Bedrängnis und in sozial ungerechten Verhältnissen an. Sie sucht auch die Ursachen dieser Nöte zu beheben. Sie richtet sich in ökumenischer Weite an Einzelne und Gruppen, an Nahe und Ferne, an Christen und Nichtchristen. Da die Entfremdung von Gott die tiefste Not des Menschen ist und sein Heil und Wohl untrennbar zusammengehören, vollzieht sich Diakonie in Wort und Tat als ganzheitlicher Dienst am Menschen."

Zum einen soll eine kurze Besinnung auf Grund und Ursprung des sozialen Handelns der Kirche daran erinnern, warum die Diakonie als Wesens- und Lebensäußerung der Kirche ein Pfund ist, mit dem nach Kräften zu wuchern der Kirche aufgegeben ist. Zum andern müssen wir der Zweideutigkeit nachgehen, dass Diakonie, wenn sie heute erfolgreich betrieben werden soll, sich, wie es scheint, den Gesetzen des Kapitals anbequemt. Eine solche Reflexion muss an der Frage ausgerichtet sein, ob die Diakonie auch unter den heutigen Bedingungen ihr eigenes Profil bewahren, neu erobern und weiterentwickeln kann – und dann in einem präzisen Sinn die zukünftige Gestalt der Diakonie als Teil der Kirche zu betrachten ist.

I

Die Diakonie ist eine grundlegende Form der sozialen Verantwortung der christlichen Kirche. Für die Reichweite dieser Verantwortung im deutschen Protestantismus muss man zumindest vier Wurzeln nennen: die biblische Botschaft, den reformatorischen Aufbruch, die protestantische Zuwendung zur sozialen Frage und schließlich das Ja der Kirche zu Gerechtigkeit und Solidarität.

Die biblischen Wurzeln: Die Geschichte der Kirche ist immer wieder durchzogen von Tendenzen, die biblische Botschaft zu spiritualisieren und ihre soziale Direktheit stillzustellen. Eine Kirche, die sich einfach in einem angepassten Sinn als Teil dieser Welt versteht, kann sich leichter mit der Aussage arrangieren, das Reich Jesu sei nicht von dieser Welt, als mit der Seligpreisung der Armen. Noch in dem Buch von Papst Benedikt XVI. über Jesus von Nazareth kann man eine solche Tendenz zur Spiritualisierung finden. Dass Jesus das nahe Gottesreich verkündigt, wird in dem Sinn gedeutet, dass er damit Gott selbst bringt. Aber dass er damit ausdrücklich die alttestamentliche Verheißung verbindet, nach welcher den Armen das Evangelium verkündigt und den Gefangenen gepredigt wird, dass sie frei seien, den Blinden, dass sie sehen sollen, und den Zerschlagenen, dass sie frei und ledig sein sollen, das tritt ganz in den Hintergrund. „Heute ist dieses Wort erfüllt vor euren Ohren.“ Diese Kühnheit in Jesu Antrittspredigt in Nazareth wird in unseren allzu friedlichen Rezeptionen der alttestamentlichen Prophetie wie der Verkündigung Jesu gern übergangen.

Doch der Impuls der Liebe lässt sich, wie Jesu Verkündigung und Lebenspraxis gleichermaßen zeigen, nicht durch die Bindung an eine dogmatisch verstandene Wahrheit domestizieren. Im Epheserbrief werden die Glaubenden aufgefordert, die Wahrheit in der Liebe zu tun oder, wie Martin Luther übersetzte, „wahrhaftig in der Liebe zu sein“ (Epheser 4, 15). Die Pointe dieser biblischen Aussage ist gerade, dass die Wahrheit des

Glaubens sich im Tun der Liebe zeigt. Wirklich stillstellen lässt sich der soziale Impuls der biblischen Botschaft nicht.

In unserer Zeit ist er neu ins Bewusstsein gehoben worden in der Verpflichtung auf die „vorrangige Option für die Armen“, die inzwischen eine gemeinsame ökumenische Leitlinie für die soziale Verantwortung der Kirchen darstellt. Damit ist zugleich der weltweite Horizont der diakonischen Verantwortung der Kirchen bewusst geworden. Armutsorientierung und ökumenische Weite sind zu unentbehrlichen Kennzeichen der Diakonie geworden.

Der reformatorische Aufbruch: Die Reformation stieß das Tor auf zur entschiedenen Bejahung der weltgestaltenden Verantwortung der Christen. Sie zielte auf den inneren Zusammenhang zwischen Glaubensgewissheit und verantwortlichem Tätigsein. Das Handeln aus Glauben wurde gerade als Folge des Glaubens selbst neu ernst genommen, zugleich aber befreit von der Vorstellung, es sei ein Mittel zum Erwerb des Heils. Das Handeln im Geist der Nächstenliebe wurde vielmehr klar und unzweideutig als eine Frucht des Glaubens verstanden, der sich auf die unverdiente Gnade Gottes richtet. Von Anfang an hat dies für die Betätigung in Wirtschaft, Bildung und Politik ebenso gegolten wie für die Praxis der Nächstenliebe. Die Reformation steht paradigmatisch dafür, dass die gelebte Liebe zum Nächsten und die Arbeit für Strukturen, die Not vermeiden und Gerechtigkeit fördern, einander nicht ausschließen, sondern unlöslich zusammengehören.

Die protestantische Zuwendung zur sozialen Frage: Die Geburtsstunde der modernen Diakonie liegt im Engagement von Protestanten angesichts der ungelösten sozialen Frage im 19. Jahrhundert. Die damaligen Wortführer entwickelten in der Auseinandersetzung mit dem aufkommenden Kapitalismus, der rapiden Industrialisierung und dann später auch der Demokratisierung Antworten, die, deutlich erkennbar, bis heute in wichtigen Grundelementen der wirtschaftlichen und sozialen Ordnung in Deutschland fortleben. Die moderne Diakonie ist von Anfang an eingebettet in die Vorstellung eines sozialen Staats und einer sozial verantworteten Wirtschaft. An einem reinen Wirtschaftsliberalismus, wie man ihn in den angelsächsischen Ländern vorzufinden glaubte, wurde Kritik geübt; die Notwendigkeit eines verantwortlichen und gestaltenden Staates wurde betont. Es ging um Sicherheiten gegenüber den sozialen Risiken, damit die Menschen über ihre unmittelbare Notsituation hinausblicken und sich als selbstbewusste Staatsbürger begreifen konnten. Der keimende Sozialstaat wurde so zur Grundlage wirklicher Freiheit für alle – was die marktwirtschaftliche Ordnung allein nicht gewährleisten konnte. In diesem Rahmen nahm die Diakonie der Kirche eine unvertretbare Aufgabe wahr. Sie bestand darin, sich denen zuzuwenden, die ihr Leben nicht, noch nicht oder nicht mehr eigenständig führen konnten und deshalb auf Unterstützung angewiesen waren.

Das Ja der Kirche zu Gerechtigkeit und Solidarität: Mit der Einsicht in den Öffentlichkeitsauftrag der Kirche, die durch die Erfahrungen der Weimarer Zeit, durch die Erfahrungen des Kirchenkampfs und durch den Neubeginn nach 1945 vorangetrieben wurde, kam es zu einer Verkirchlichung der Impulse des freien Protestantismus und damit auch der Diakonie. Das hatte Schattenseiten; aber es hatte auch sein Gutes: Das Eintreten für Gerechtigkeit und Solidarität wurde als Teil des kirchlichen Auftrags verstanden. In der kirchlich verankerten und verantworteten Diakonie, in Stellungnahmen zu gesellschaftlichen Fragen, in Kooperationen und Bündnissen zu sozialpolitischen Themen fand das seinen Niederschlag.

Zugleich differenzierte sich das diakonische Handeln aus in ein Handeln, das auf die diakonischen Herausforderungen im eigenen Land gerichtet war, und eine ökumenische Diakonie, die sich Fragen von Gerechtigkeit und Solidarität im Weltmaßstab zuwandte. So weit entwickelten sich diese beiden Hinsichten auseinander, dass man beinahe vergaß, dass sie sich einem gemeinsamen Impuls verdanken. Zu den bemerkenswertesten Entwicklungen der jüngsten Vergangenheit gehört es deshalb, dass diese beiden Stränge diakonischer Verantwortung nun wieder zusammengeführt werden sollen. Der Plan, ein gemeinsames evangelisches Zentrum für Entwicklung und Diakonie zu schaffen, hat deshalb in meinen Augen in erster Linie nicht eine organisatorische, sondern im Entscheidenden eine konzeptionelle Bedeutung. Denn die diakonische Verantwortung der Kirche kann ihrem Wesen nach nicht an den Grenzen der eigenen Gesellschaft, des eigenen Sozialstaats, der eigenen Nation Halt machen. Sie kann sich auch nicht darauf beschränken, Prozesse der Europäisierung Schritt für Schritt nachzuvollziehen. Sie hat vielmehr notwendigerweise einen weltweiten Horizont. In diesem weltweiten Horizont lässt sich dann auch der spezifische Sinn des Handelns in überschaubaren Verantwortungsräumen erklären – aber nicht umgekehrt.

II

Fragen wir vor diesem Hintergrund nach der zukünftigen Gestalt des Verhältnisses von Diakonie nach Kirche, so möchte ich die Antwort mit einem Zitat einleiten:

„Im Jahre 2030 ist die Diakonie ein zentrales Handlungsfeld der sich auf ihre Stärken konzentrierenden evangelischen Kirche. Jede diakonische Aktivität hat ein deutlich wahrnehmbares evangelisches Profil. ... Die Verbindung zwischen verfasster Kirche und Diakonie ist besser verwirklicht. Das Eintreten der Kirche für Menschenwürde und Menschenrechte, für Gerechtigkeit und nachhaltige Entwicklung, für Gewaltfreiheit und Frieden prägt die öffentliche Wirksamkeit der Kirche, ihrer Gemeinden und Initiativgruppen."

Mit dieser Vision leitet das Impulspapier „Kirche der Freiheit" vom Sommer 2006 ein Nachdenken über Diakonie als Leuchtfeuer der Kirche ein. Dabei geht es davon aus, dass Diakonie schon heute ein „starkes Stück Kirche" ist. Die vierte EKD-Erhebung über die Kirchenmitgliedschaft, „Kirche in der Vielfalt der Lebensbezüge", die ebenfalls 2006 erschienen ist, hat gerade auch die Fernstehenden in der diakonischen Hilfe und Beratung als einen Kernbereich kirchlichen Handelns identifiziert. Indem die Kirche ihrem grundlegenden Auftrag zum diakonischen Handeln nachkommt, eröffnet sie zugleich Begegnungsfelder, in denen Menschen verschiedenster Herkunft und Milieus, Menschen in unterschiedlichen Lebenssituationen und mit unterschiedlicher religiöser Prägung Kirche erleben können. Alte Menschen in den Einrichtungen der Altenhilfe, Patienten im Krankenhaus, Hilfesuchende an den Tafeln, aber auch Partner aus anderen gesellschaftlichen Gruppen, Staat und Kommunen, aber auch Sponsoren nehmen diakonische Einrichtungen und Dienste als Teil der Kirche wahr.

Die Krise der sozialen Sicherungssysteme und der damit verbundene Paradigmenwechsel vom sozialen Wohlfahrtsstaat zum Sozialmarkt unter Einschluss gewerblicher Anbieter, die Krise und der Umbruch des öffentlichen Bildungssystems in Deutschland, die zunehmende gesellschaftliche Ungleichheit auf der einen und ein wachsendes gesellschaftliches Engagement auf der anderen Seite, die Auflösung traditioneller Milieus und die Erosion von Institutionen, Einbußen in den öffentlichen Finanzierungssystemen und auch im Bereich der Kirchen – dies sind nur einige

Stichworte zu Veränderungen, von denen auch Diakonie und Kirche betroffen sind. Beide suchen ihren Ort in einer Gesellschaft, die von wachsender Pluralität geprägt ist. Dabei entsteht der Eindruck: Die Kirche ist ein Anbieter spiritueller und kultureller Vergewisserung unter mehreren. Diakonie ist ein Anbieter sozialer Dienstleistungen neben anderen.

Die EKD und ihre Gliedkirchen beschäftigen sich deshalb mit der Profilierung kirchlicher Orte. Wir verstehen die Kirche neu als intermediäre Institution in der Region. Es geht darum, die Professionalität der Hauptberuflichen ebenso zu fördern wie das ehrenamtliche Engagement zu stärken. Kirche und Diakonie arbeiten zusammen in der Entwicklung neuer Führungskonzepte und Fortbildungsangebote. Aber auch das Verhältnis von Diakonie und Sozialwirtschaft, die Förderung eines kirchlichen Selbstverständnisses in den diakonischen Einrichtungen und andere, durchaus sensible Fragen im Verhältnis von Kirche und Diakonie stehen auf der Tagesordnung. Qualitätsentwicklung, Mission, Führen und Leiten – so heißen die drei Schwerpunkte, in denen die EKD als „Kirche im Aufbruch" derzeit Schwerpunkte im Reformprozess setzt. Überschneidungsbereiche zwischen Kirche und Diakonie drängen sich geradezu auf.

Selbstverständlich ist es nicht, dass ein solches Miteinander von Kirche und Diakonie sich durchsetzt. Dagegen stehen die gegenwärtigen gesellschaftlichen Umbrüche, die für Kirche und Diakonie große Herausforderungen mit sich bringen: der demografische Wandel, die gesellschaftliche Pluralisierung, die langfristigen Wirkungen wirtschaftlicher Instabilität (die Finanzmarkt- und Wirtschaftskrise der jüngsten Vergangenheit eingeschlossen), die strukturelle Unterfinanzierung des Sozialstaats und eine verbreitete Entkirchlichung bilden große Herausforderungen. Sie legen in Kirche wie Diakonie eine Reaktion nahe, in der jeder auf das Seine und nicht beide auf das Gemeinsame schauen. Dieser Reaktionsweise zu widerstehen, ist zugleich um der Zukunft von Diakonie und Kirche willen entscheidend. Dazu muss die Zusammengehörigkeit bewusst gewollt und gepflegt werden.

Für die Diakonie verbindet sich mit den gegenwärtigen gesellschaftlichen Umbrüchen unter anderem die Gefahr, dass Diakonie als ursprünglich treibende Kraft im modernen Wohlfahrtsstaat bis zur Unkenntlichkeit aufgeht; zum andern wird befürchtet, dass eine Fokussierung auf den betriebswirtschaftlichen Erfolg der Unternehmen und Dienste das anwaltschaftliche Mandat schwächt. In beiden Hinsichten muss gegengesteuert werden: Die Diakonie braucht ein unverkennbares Profil; dazu ist sie auf die enge Verbindung zu Kirche und Gemeinde angewiesen.

Deshalb breitet sich die Überzeugung wieder aus, dass die diakonische Arbeit auf Gemeinden angewiesen ist, die nah bei den Menschen sind und ihre konkreten Notlagen wahrnehmen. Auch die Denkschrift „Gerechte Teilhabe“, ebenso wie das Impulspapier „Kirche der Freiheit“ im Jahr 2006 erschienen, macht darauf aufmerksam, wie gefährlich es ist, wenn Gemeinden unter Milieuverengung leiden und die Lebenslagen von Menschen in Armut und Arbeitslosigkeit gar nicht mehr wahrnehmen. Dass Diakonie eine Lebens- und Wesensäußerung der Kirche ist, muss wieder von beiden Seiten wahrgenommen werden: von Diakonie und Kirche, von den Gemeinden beziehungsweise kirchlichen Regionen ebenso wie von den diakonischen Einrichtungen und Diensten.

Das so häufig zitierte Gleichnis Jesu vom Weltgericht (Matthäus 25) deutet den Einsatz für notleidende Schwestern und Brüder als Begegnung mit Christus und als Ausdruck der Christusbeziehung. Gottesbeziehung und Beauftragung zum Dienst sind aufeinander bezogen. Ethische Fragen am Anfang und am Ende des Lebens, aber auch bei krisenhaften Entscheidungen in Familien- oder Gesundheitsfragen, sozialethische Probleme einer Gesellschaft, in der sich ein Fünftel der Menschen trotz Sozialstaat vergessen und abgehängt fühlt, die Suche nach spirituellen Kraftquellen bei nachbarschaftlicher Hilfe und Pflege oder bei eigener Gebrechlichkeit, unterschiedliche Antworten der Religionen auf die Frage nach Tod und Leiden – das alles fordert praktisches Handeln und geistliche Klarheit zugleich. Gemeinden und Diakonie sind dadurch gleichermaßen herausgefordert. Diakonische Professionalität und theologische Kompetenz, Fachlichkeit und Spiritualität, Gemeinschaft in Gemeinden und Diensten sind nötig, um diesen Herausforderungen angemessen zu begegnen.

Die organisatorische Unterscheidung zwischen Kirche und Diakonie braucht nicht zwangsläufig zu einer institutionellen oder gar geistlichen Scheidung zu führen. Wir können jedoch nicht leugnen, dass die Teilhabe von Kirche und Diakonie am Ausbau des Wohlfahrtsstaats auch eine Selbstsäkularisierung diakonischer wie kirchlicher Arbeit zur Folge hatte. Seit die Gemeindeschwestern Kaiserswerther Prägung nach und nach in ihre Mutterhäuser zurück und in den Feierabend gingen und von Pflegekräften in Diakonie- und Sozialstationen ersetzt wurden, seit die Fürsorgetätigkeit von Diakonissen, die alle Dienste von der Erziehung im Kindergarten bis zum Haushaltskurs, von der Pflege bis zur Altenhilfe abdeckten, einer professionellen Ausdifferenzierung wich, haben sich die Gemeinden mehr und mehr aus diesem Arbeitsfeld zurückgezogen und ihr diakonisches Handeln an professionelle Dienste delegiert. Noch immer aber erinnern sich viele (wenn auch im Wesentlichen von meiner Generation an aufwärts) an die Schwestern mit der Haube – symbolisierten sie doch in ihrer Person die Brücke zwischen Gemeinde und Diakonie, die Verbindung zwischen sozialer Fachlichkeit und gelebtem Glauben, ja, den Diakonat der Kirche.

Die Verknüpfung von Spiritualität und diakonischer Praxis, von Gemeinschaft und sozialem Engagement, von Gemeinde und Gemeinwesen war eine anschauliche Darstellung des ganzheitlichen Zeugnisses der Kirche, war „Gottesdienst im Alltag der Welt". Der Verlust dieser spezifisch kirchlichen Prägung von Pflege- und Erziehungsarbeit, von Gemeinwesendiakonie und Obdachlosenarbeit lässt eine Leerstelle zurück. Er wird schmerzhaft deutlich im Rückzug der Gemeinden aus der Trägerschaft und schließlich auch aus der Mitarbeit in Altenhilfeeinrichtungen und Pflegediensten, aber auch in der zunehmenden Ökonomisierung des Leitungshandelns von diakonischen Unternehmen. Wenn aber Wort und Tat auseinandertreten, verliert die Tat ihr Profil und das Wort an Glaubwürdigkeit.

Um dem entgegenzuwirken, braucht der diakonische Auftrag auf allen Ebenen des kirchlichen Lebens (Gemeinde, Kirchenbezirk, Landeskirche) den notwendigen Entfaltungsraum und eine überzeugende Präsenz.

In diesem Zusammenhang ist es notwendig, die Stärkung des Zusammenhangs von Diakonie und Kirche als eine grundlegende persönliche und funktionale Kompetenz des Dienstes zu betrachten. Das zeigt sich konkret in Befähigungen wie der Sprachfähigkeit des Glaubens, dem Knüpfen, dem Gestalten und Aufrechterhalten von Beziehungen auch in Krisen, dem Mitsein mit den Leidenden und allen Geschöpfen, der Hermeneutik der christlichen Quellen und Traditionen und nicht zuletzt dem ethischen Unterscheidungsvermögen.

III

Bleibt die Frage: Wie steht es um die Ökonomisierung des Sozialen in ihren Auswirkungen auf die Diakonie?

Ein medizinischer Freund berichtet mir schon vor Jahren mit erkennbarem Erstaunen: Das deutsche Ärzteblatt vermerke in einem Artikel, nur die konfessionellen Krankenhäuser seien gegenwärtig noch von einem erkennbaren Profil geprägt. Denn auch unter dem Druck der Rationalisierungsmaßnahmen im Krankenhauswesen hielten sie daran fest, dass es im Krankenhaus um die Zuwendung zum Menschen gehe. Der ganze Mensch ist gemeint, das ist das Markenzeichen der Diakonie auch angesichts der Ökonomisierung des Sozialen.

Wir sollten nicht generell einer Ökonomisierung widersprechen. Wenn sich eine diakonische Einrichtung so ausrichtet, dass die einzelnen Geschäftsbereiche kostendeckend arbeiten, dann folgt das der Logik ökonomischer Transparenz, erhaltene Gelder auch sinn- und zielorientiert einzusetzen und dabei ein klares Kostenbewusstsein zu entwickeln. Aber diese diakonische Einrichtung trägt dann Verantwortung dafür, dass das ökonomische Denken nicht die Herrschaft auch über die Seelen gewinnt. Dagegen meldet sich heute ein wachsender Protest. Das ist ein Protest, den man begrüßen muss. Ich bin davon überzeugt, dass die neue Aufmerksamkeit für Religion in unserer Gesellschaft sich auch der Einsicht verdankt, dass der Sinn des menschlichen Lebens nicht allein durch Leistung oder Besitz gefunden werden kann.

Wie das eigene Profil gestärkt werden kann, ohne dass die Ökonomisierung des Sozialen geleugnet wird, ist die entscheidende Existenzfrage für die Diakonie. Die Zuwendung zum Menschen ist ihr entscheidendes Markenzeichen; es begründet ihre Existenzberechtigung und beschreibt ihre besondere Attraktivität im Wettbewerb der Anbieter.

Die Berücksichtigung ökonomischer Faktoren in der Diakonie ist kein neues Phänomen. Vielmehr hatten und haben die Erfolge der Diakonie stets eine wirtschaftliche Grundlage. Der Aufschwung diakonischer Einrichtungen in der zweiten Hälfte des 19. Jahrhunderts weckte gewaltige wirtschaftliche Kräfte; die Spendenbereitschaft des evangelischen Bürgertums machte diesen Aufschwung erst möglich. Die Ausweitung der Gemeindediakonie in der ersten Hälfte des 20. Jahrhunderts lebte von der Bereitschaft der Gemeinden, sich unmittelbar zu Trägern diakonischen

Handelns zu machen. Aber das Geheimnis des Erfolgs lag in der Bereitschaft der Diakonissen, bis hin zur Selbstausbeutung ihre Kräfte den Kranken der Gemeinde zur Verfügung zu stellen. Die Einbettung der Diakonie in den Wohlfahrtsstaat der zweiten Hälfte des 20. Jahrhunderts lebte von der Ausweitung staatlichen Handelns im Bereich des Sozialen. Die Diakonie reagierte auf diese Ausweitung, indem sie für jedes neue staatliche Programm alsbald mit einem diakonischen Handlungskonzept zur Stelle war. Jede bessere diakonische Einrichtung, so notierte Gustav Heinemann damals nicht ohne Spott, beschäftige mindestens einen Mitarbeiter, dessen Hauptaufgabe darin bestehe, unverzüglich einen entsprechenden Antrag zu stellen, wenn eine neue staatliche Finanzierungsquelle zu sprudeln begann.

Zu Beginn des 21. Jahrhunderts besteht eine andere Situation. Wir durchleben einen dramatischen Alterswandel unserer Gesellschaft. Eine abnehmende Zahl aktiv Berufstätiger muss die Versorgung einer wachsenden Zahl nicht Berufstätiger absichern. Nicht nur kurzfristig, sondern auf lange Frist verändert dieser Alterswandel unser Sozialsystem in seinen Grundfesten. Die Diakonie kann sich deshalb auch nicht damit begnügen, Konsequenzen abzuwehren, die sich auf das eigene Handlungsfeld oder die eigene Klientel beziehen. Kirche im Allgemeinen und Diakonie im Besonderen sollten wahrgenommen werden als Anwälte einer Reformpolitik, die den Kriterien der Finanzierbarkeit und der sozialen Gerechtigkeit in gleicher Weise genügt.

Im Unterschied zur eben skizzierten Historie erleben wir heute die Ökonomisierung des Sozialen zum ersten Mal nicht in der Form der Steigerung, sondern in der Gestalt des Mangels. Ökonomie meint heute nicht nur in der Theorie, sondern ganz praktisch den Umgang mit knappen Gütern, nämlich mit knapper werdenden Ressourcen. Es wäre unlauter und unpraktikabel zugleich, die Ökonomisierung diakonischen Handelns nur so lange zu bejahen, wie zusätzliche Quellen sprudeln, sie aber abzulehnen, wenn die Mittel knapper werden. Vielmehr zeigt sich verantwortliche Haushalterschaft – „Ökonomie“ im ursprünglichen Sinn – im Umgang mit knappen Mitteln weit deutlicher als unter den Bedingungen des Überflusses.

Wir erleben eine Wende im Verständnis des Sozialen. Die Diakonie muss darauf eigenständig mit der Formulierung eines diakonischen Profils antworten. Zu Beginn des 21. Jahrhunderts stellt sich in Deutschland die

Frage nach dem diakonischen Profil in neuer Zuspitzung. Die Zukunft der Diakonie hängt davon ab, ob diese Frage klar beantwortet wird.

Deutlich muss man sagen: Ökonomisch verantwortliches Handeln und diakonischer Auftrag schließen einander nicht aus. Aber genauso deutlich muss auch das andere sein: Ökonomisch verantwortliches Handeln in der Diakonie und gewinnorientierte Kommerzialisierung sind klar voneinander geschieden.

Die Diakonie ist immer dann besonders gefordert, wenn Fragen unseres Menschenbilds auf dem Spiel stehen. „Seht, welch ein Mensch!" Unfreiwillig gibt dieser Ausruf des Pontius Pilatus im Prozess gegen Jesus die Richtung vor. Auf den Menschen zu achten, weil er ein von Gott geliebtes Geschöpf ist, bleibt das A und O aller Diakonie. Deshalb ist und bleibt es richtig, dass die Diakonie sich an der Auseinandersetzung um das Bild vom Menschen beteiligt. Jeder Mensch besitzt die gleiche Würde. Deshalb ist es nötig, die Fragen zum Anfang und zum Ende des Lebens in der Diakonie zu profilieren. Die Diakonie muss sich weiter beteiligen an der Frage, wie wir die Würde des Menschen achten.

Die Ökonomisierung des Sozialen enthält also eine unmittelbare Herausforderung zu theologischem Nachdenken. Gerade wenn man an der ökonomischen Leistungsfähigkeit eines diakonischen Unternehmens interessiert ist, muss man sich fragen, wozu diese Leistungsfähigkeit dient. Man muss deshalb am Leitbild dieser Einrichtung arbeiten; man muss das diakonische Proprium nicht als ökonomischen Nachteil, sondern als „Standortvorteil" einbringen. Man muss nämlich verdeutlichen, warum eine Einrichtung den Menschen besser helfen kann, wenn sie einen „Standort" hat. Dazu müssen auch die Mitarbeiterinnen und Mitarbeiter auskunftsfähig darüber werden, worin die „theologische Achse" einer solchen diakonischen Einrichtung besteht.

Diese theologische Achse besteht zunächst in ihrem geistlichen Leben. Sie besteht ferner in der Bereitschaft, sich dem hilfebedürftigen Nächsten unabhängig von seiner eigenen Leistungsfähigkeit zuzuwenden und ihn als von Gott geliebte Person wahrzunehmen. Sie besteht schließlich im Widerspruch gegen alle Tendenzen, die Schwächeren in der Gesellschaft zu Menschen zweiter Klasse zu machen. Diakonie orientiert sich in diesem Sinn an der gleichen Würde jeder menschlichen Person. Entscheidend ist, ob ein derartiger „langfristig wegweisender Willenskonsens" (A.

Jäger), der theologisch geprägt ist, im Alltag diakonischer Einrichtungen und der sie tragenden Gemeinschaften zu erkennen ist.

Die Möglichkeiten menschlichen Handelns ändern sich. Je mehr sie wachsen, desto dringlicher ist die Tugend des Maßes gefragt. Sie ist auch nötig, wenn es inmitten aller Veränderungen möglich bleiben soll, den ethischen Wert als Maßstab für unseren Umgang mit ökonomischen Werten anzuerkennen.

Für Diakonie und Kirche ist das lebenswichtig. Nur wenn die Diakonie sich auch weiterhin an diesem Maßstab orientiert, wird sie sich als Lebens- und Wesensäußerung der Kirche erweisen. Nur wenn die Kirche diese diakonische Aufgabe als ihre eigene Sache erkennt, wird sie mit dem Pfund wuchern, das ihr in der Diakonie anvertraut ist. Dieser Zusammengehörigkeit eine überzeugende Gestalt zu geben, ist für beide von Vorteil: für die Kirche wie für die Diakonie.

KLAUS-DIETER KOTTNIK

Warum die Diakonie am Dritten Weg festhält

Es ist nicht zu bestreiten: Die Diakonie befindet sich mit ihrem Arbeitsrecht zurzeit in einer schwierigen Lage. Vor allem die Arbeitsrechtliche Kommission des Diakonischen Werkes der EKD kommt derzeit nicht zustande. Die Dienstnehmerseite unternimmt keine Anstrengung für ihre Arbeitsaufnahme. Nach eigenem Bekunden sehen einige Vertreter der Dienstnehmer keinen Sinn in der Fortführung der Arbeitsrechtssetzung auf dem Dritten Weg. Sie setzen auf Tarifverträge mit den Gewerkschaften. Die Gründe dafür möchte ich an dieser Stelle nicht erörtern. Die Ursachen sind mit Sicherheit vielfältig. Ich bedaure außerordentlich, dass wir uns derzeit in dieser Lage befinden.

Ich möchte jetzt nicht einen Ausweg aus dieser Lage beschreiben. Auch möchte ich nicht mit dem kirchlichen Selbstbestimmungsrecht argumentieren, obwohl dieses Verfassungsrecht nach Artikel 140 ein unermesslich hohes Gut ist. Ein hohes Gut muss nicht nur geschützt, sondern auch gelebt werden.

Da Diakonie Kirche ist, hat sie an den Rechten und Aufgaben der Kirche teil. Natürlich gilt auch für die Diakonie: „Alles prüfet und das Gute behaltet." Tatsächlich scheiterte die Bereitschaft der Kirche zu Tarifverträgen nach dem Krieg am Willen der Gewerkschaften. Die Kirchen sind also erst in zweiter Linie einen eigenen Weg der Arbeitsrechtsetzung gegangen.

Es gehört zu meinen tiefen Überzeugungen, dass wir einen eigenen Weg gehen müssen. Nicht nur Karl Barths Verhältnisbestimmung von Staat und Kirche in Fortführung von Luthers Zwei-Reiche-Lehre drängt mich dazu. Denn es ist nicht so, wie einst Friedrich Naumann dachte, dass ein öffentlicher Mensch, der den öffentlichen und harten Strukturzwängen verpflichtet ist, vom privaten zu unterscheiden sei, für den der Gehorsam zu Jesus gelte („Das Leben braucht beides; die gepanzerte Faust und die Hand Jesu, beides je nach Zeit und Ort"). Naumann meinte, dass deshalb zwei Wirklichkeiten nebeneinanderstünden, das öffentliche Leben und das in der Kirche, das mit dem privaten Leben in eins zu setzen sei. Sondern Karl Barth denkt Christengemeinde und Bürgergemeinde, also Kirche und Gesellschaft, aufeinander bezogen und Christus als das Zentrum von beidem. Gerhard Lohfink hat in diesem Zusammenhang von der Kirche als Kontrastgesellschaft gesprochen. Zwar durchdringen sich Kirche und Gesellschaft. Wohl aber ist die Kirche der Ort, an dem modellhaft Exemplarisches für die Gesellschaft entwickelt wird.

Die Entstehung der *Inneren Mission* (Diakonie) ist ein gutes Beispiel für das Modellhafte der Kirche im sozialstaatlichen Werden. Alternativen, Neuerungen werden im Raum der Kirche angestoßen und wirken sich auf das gesamtgesellschaftliche Leben aus. Den Impuls dazu bietet das Evangelium. Das ist – sehr vereinfacht dargestellt – Karl Barths Vorstellung von den zwei Reichen.

Für mich hat dieses guten Anhalt an biblischer Tradition. Im Kolosserbrief heißt es: „Lasst das Wort Christi reichlich unter euch wohnen ..." und danach: „Alles, was ihr tut, mit Worten oder mit Werken, das tut alles im Namen des Herrn Jesus" (Kol. 3,16 und 17). Das bedeutet: Konstitutiv für die Kirche ist das Wort Gottes, also der Gottesdienst. Das Handeln ist die Fortführung des Gottesdienstes mit anderen Mitteln. Bei diesem Handeln kann es keine anderen Gesetze geben als die, die der Liebe Christi in seinem Wort entsprechen.

Das ist für das Leben in der Kirche und damit auch in der Diakonie eine riesengroße Herausforderung. Aber sie ist der Mühen wert. Für mich bedeutet das, dass die Kirche die Aufgabe hat, Alternativen für das Leben zu entwerfen, also auch Alternativen der Konfliktlösung. Dass tarifliche Auseinandersetzungen Konflikte sind, ist unbestritten. Tarifkonflikte in unserem Lande sind von dem Verständnis eines Kampfes geprägt, der mit gleichen Waffen ausgefochten wird, der Waffe des Streiks und der Waffe der Aussperrung. Unzweifelhaft ist diese Kampfmethode in unserer Gesellschaft zur Mehrung des Wohlstandes und der Güterverteilung sehr erfolgreich gewesen.

Für Kirche und Diakonie muss es aber eine Alternative geben. Es kann nicht sein, dass in ihr Methoden des Kampfes Einzug halten, die im schlimmsten Falle auf dem Rücken der Menschen ausgetragen werden, die als Kinder oder zu Pflegende auf die Dienste der Menschen in Kirche und Diakonie angewiesen sind. Dies verträgt sich nicht mit dem Grundverständnis des Evangeliums. Konflikte müssen partnerschaftlich, auf Augenhöhe, in gegenseitigem Respekt und der gemeinsamen Anstrengung zur Konfliktlösung bearbeitet werden. Dazu gehört schlussendlich auch die Einigung, dass man sich als Konfliktparteien einem unabhängigen Schlichterspruch stellt.

Dies sind die Grundzüge des alternativen Weges der Tarifkonfliktlösung, der Vorbildcharakter haben sollte. Von diesem Weg muss man überzeugt sein. Diesen Weg muss man wollen. Und diesen Weg muss man leben. Dazu rufe ich auf.

Dazu kann führen, dass man in der Vergangenheit Fehlgelaufenes ausspricht, bekennt, analysiert, dann die Vergangenheit auf sich beruhen lässt und Konsequenzen daraus zieht. Blockaden führen nicht weiter. Ein gemeinsames Voranschreiten ist möglich mit verantwortbaren Lösungen für die Mitarbeiterinnen und Mitarbeiter in der Diakonie. Ein Großteil der Mitarbeiterschaft will das auch so.

ADOLF-LEOPOLD KREBS

Ein notwendiger Dialog. Zur Gestaltung der Schnittstellen zwischen sozialer Arbeit, Pflege und Theologie in der Praxis

Die Mitarbeiterinnen und Mitarbeiter der Diakonie haben ihre berufliche Ausbildung und praktischen Erfahrungen überwiegend in den Bereichen Sozialarbeit und Pflege. Wie bei der überwiegenden Zahl der Kirchenmitglieder ist auch bei Diakoniemitarbeitenden die religiöse und kirchliche Sozialisation mit dem Schulende zunächst unterbrochen. Darum sind vielen Mitarbeitenden theologische Deutungsmuster für ihre berufliche Arbeit fremd. Soziale Arbeit und Pflege sind auf eine ethische Grundlage angewiesen, um ihrem Anspruch nach Interventionen, die den Menschen ganzheitlich sehen, gerecht zu werden.

Im Folgenden wird versucht, am Beispiel von Schlüsselbegriffen aus sozialer Arbeit und Pflege Schnittstellen zu theologischen Deutungen zu markieren, die Dialogfähigkeit zu fördern und damit die Praxis zu qualifizieren.

ZUM SELBSTVERSTÄNDNIS VON SOZIALER ARBEIT UND PFLEGE ALS JUNGE HANDLUNGSWISSENSCHAFTEN

Soziale Arbeit dient seit den 90er Jahren als Ober- und Sammelbegriff der traditionellen Fachrichtungen Sozialpädagogik und Sozialarbeit. Seit

2001 ist Soziale Arbeit auch in Deutschland durch die Hochschulrektorenkonferenz und die Kultusministerkonferenz offiziell als Fachwissenschaft anerkannt.

Im internationalen Kontext wurde im Jahr 2001 in Montreal vom internationalen Sozialarbeitsverband, der International Federation of Social Workers, folgende Definition vorgeschlagen:

„Die Profession Sozialer Arbeit fördert den sozialen Wandel, Problemlösungen in zwischenmenschlichen Beziehungen sowie die Ermächtigung und Befreiung von Menschen, um ihr Wohlbefinden zu heben. Unter Nutzung von Theorien menschlichen Verhaltens und sozialer Systeme greift Soziale Arbeit an den Punkten ein, in denen Menschen mit ihrer Umgebung interagieren. Prinzipien der Menschenrechte und sozialer Gerechtigkeit sind für die Soziale Arbeit fundamental."[1]

Aus dieser Definition wird deutlich, dass sich Soziale Arbeit heute als „Menschenrechtsprofession" versteht, die wissensbasierte Handlungstheorien entwickelt. Die große Vielfalt von Bezugswissenschaften erschwert die Bildung eines eindeutigen Profils.

Die Entwicklung der Profession Soziale Arbeit ist eng verbunden mit den jeweiligen gesellschaftlichen Kontexten: von Hilfen für Kinder im 19. Jahrhundert (Rauhes Haus) über den Aufbau und die Unterstützung sozialer Bewegungen (Gewerkschaft, Arbeiterbewegungen, Frauenbewegung), den Boom der Therapien in den 70er Jahren bis zur Entspezialisierung und Entprofessionalisierung bei gleichzeitiger Unterstützung von bürgerschaftlichem Engagement und Selbsthilfe-Netzwerken.

Auf die aktuellen gesellschaftlichen Herausforderungen des Aufwachsens reagiert die Politik zum Beispiel mit mehr und früherer institutioneller Förderung, der Verschärfung des Kinderschutzes und früher Sprachförderung.

Auch für die Herausforderungen, die mit dem demografischen Wandel, der Integration von Migranten, der zunehmenden Armut und der Verpflichtung zur Inklusion verbunden sind, werden starke Impulse aus der Sozialen Arbeit in die politische Diskussion eingebracht.

Die Erzieherausbildung ist eine deutsche Variante der Sozialpädagogik auf Fachschulniveau. Für den Elementarbereich wird seit langem eine Verbindung der Lehrerausbildung für den Elementar- und Primarbereich

1– Engelke / Borrmann / Spatscheck: Theorien der Sozialen Arbeit. Eine Einführung. 5. Auflage. Freiburg im Breisgau 2009.

mit der Sozialpädagogik gefordert. Das Thema ganzheitliche Bildung hat in den Diskussionen um die zukünftige Ausgestaltung der Studiengänge auch für die Soziale Arbeit eine hohe Bedeutung.

Die Pflegewissenschaft ist in Deutschland eine relativ junge wissenschaftliche Disziplin, die den wissenschaftlichen Rahmen für die pflegerische Praxis bietet. Sie ist den Sozialwissenschaften zugeordnet und umfasst die Bereiche der Pflegepraxis, Pflegetheorie und Pflegeforschung. Bezugswissenschaften der Pflegewissenschaft sind die Medizin, Gesundheitswissenschaft, Soziologie, Psychologie, Biologie, Philosophie und Geschichte.

Auch in der Pflegewissenschaft wird ein ganzheitliches Menschenbild zugrunde gelegt, in dem die Sichtweise und das Erleben der gepflegten Person eine wichtige Rolle einnehmen. Zentrale Themen sind dementsprechend:
- das Erleben und Verhalten von Pflegenden und Gepflegten,
- die Interaktion zwischen Pflegenden und Gepflegten,
- die Wirkung von organisatorischen, gesellschaftlichen und ethischen Faktoren auf die Pflege,
- die Effektivität pflegerischer Maßnahmen hinsichtlich der sozialen, emotionalen und körperlichen Aspekte des Patienten oder Bewohners, die Qualität, das Qualitätsmanagement und die Methoden der Evaluation.

Auch die Pflegetheorien und Pflegemodelle entwickeln sich im Kontext gesellschaftlicher Rahmenbedingungen, darunter die Altenpflege zum eigenständigen Berufsbild. Die pflegerischen Modelle wurden zum größten Teil von angloamerikanischen Autoren entwickelt. Die deutsche Wissenschaftlerin Prof. Monika Krohwinkel veröffentlichte 1993 das aus bedürfnisorientierten Pflegetheorien weiterentwickelte Modell, das in seinen Strukturen bis heute maßgeblich die deutsche Pflegetheorie und Praxis bestimmt. Die Kernaussagen des Modells sind:

„Lebens- und Entwicklungsprozesse, Krankheits- und Gesundheitsprozesse, unter Umständen das Leben selbst, hängen ab von den Fähigkeiten und Ressourcen des Menschen, die es ihm ermöglichen, Lebensaktivitäten zu realisieren, soziale Beziehungen und Bereiche zu sichern und zu gestalten und dabei mit existenziellen Erfahrungen des Lebens umgehen und sich dabei entwickeln zu können.“[2]

2– Krohwinkel, Monika: Der Pflegeprozess am Beispiel von Apoplexiekranken. Eine Studie zur Erfassung und Entwicklung ganzheitlich-rehabilitierender Prozesspflege. Im Auftrag des Bundesministeriums für Gesundheit. (Schriftenreihe des Bundesministeriums für Gesundheit, Bd. 16), Baden-Baden 1993.

Die aktuelle Weiterentwicklung der Pflegewissenschaften reagiert im Wesentlichen auf drei gesellschaftliche Phänomene:

- Die demografische Entwicklung wird eine deutliche Zunahme der Zahl der alten und hochaltrigen Menschen mit sich bringen.
- Komplexe medizinische Phänomene (insbesondere alle Formen der Demenzerkrankungen) machen die Weiterentwicklung der vorhandenen Pflegemodelle dringend erforderlich.
- Die notwendige Definition von einheitlichen Qualitätsmerkmalen als Grundlage für die Sicherung der Pflegequalität hat zur Entwicklung von Expertenstandards geführt (Dekubitusprophylaxe, Entlassungsmanagement, Schmerzmanagement, Sturzprophylaxe, Kontinenzförderung, chronische Wunden, Ernährungsmanagement). Die dort gesetzten Kriterien bilden Maßstäbe für Evaluation und Kontrollen der Pflegequalität.

Die oben angeführten Entwicklungen verändern das Berufsbild der Altenpflege. Pflege braucht, gemessen an den aktuellen fachlichen Anforderungen, eine akademische Ausbildung. Die Politik sucht nach einem Weg aus dem Spannungsfeld zwischen Fachkräftemangel und professionellem Anspruch. Durch niedrigere Zugangsvoraussetzungen sollen mehr Menschen Chancen zu einer Ausbildung erhalten. Gleichzeitig werden Pflegemanagement-Studiengänge etabliert, die zu einem akademischen Abschluss führen.

SOZIALE ARBEIT UND PFLEGE IM DEUTUNGSKONTEXT VON THEOLOGIE UND KIRCHE

Liest man die Veröffentlichung kirchlicher und diakonischer Funktionsträger zu den Themen Soziale Arbeit und Pflege, wird deutlich, dass der Fokus auf die kirchen- und diakoniegeschichtliche sowie die theologische Entwicklung gelegt wird. Die jüdisch-christliche Tradition bestimmt die Geschichte der Armen- und Krankenpflege, insbesondere in Deutschland und Europa. Der Umgang mit Armen und Kranken wird auf der Grundlage biblischer Texte theologisch reflektiert und auf einer zweiten Reflexionsebene die politischen, kirchlichen und ökonomischen Kontexte in die Bewertung einbezogen.

Während die meisten Wissenschaften (Medizin, Recht, Naturwissenschaften etc.) sich zunehmend von der Deutungshoheit der Theologie emanzipierten und Diskurse auf Augenhöhe möglich werden, sind Sozialarbeit und Pflege in der Diakonie als tätige Nächstenliebe ein Kernbereich kirchlicher Deutung. Kirche und Diakonie äußern sich in Sozialworten und Denkschriften zu aktuellen sozialpolitischen und ethischen Problemen und gestalten so aktiv gesellschaftliches Leben mit. Circa eine Million hauptamtliche Mitarbeiter von Caritas und Diakonie setzen in Deutschland tätige Nächstenliebe konkret um. Neben der enormen ökonomischen Bedeutung für das Staatswesen auf allen Ebenen wird in den Umfragen zur Kirchenmitgliedschaft[3] die hohe Bewertung und Bindungskraft des sozialen Engagements von Kirche und Diakonie für die Kirchenmitglieder deutlich.

Besonders deutliche Erwartungen an die Kirche, also die Legitimation der Kirche durch Diakonie, sind unter anderem

- Alte, Kranke und Behinderte betreuen,
- sich gegen Fremdenhass und Ausländerfeindlichkeit stellen,
- sich für die Erhaltung der Umwelt einsetzen,
- sich um Probleme von Menschen in sozialen Notlagen kümmern.

Die institutionelle Diakonie erhält ihre rechtliche Legitimation ausschließlich über die Kirche. Als Teil (Lebens- und Wesensäußerung) der Kirche muss sie durch Satzung und Praxis ihre rechtliche Sonderstellung faktisch leben, sonst steht sie in der Gefahr, den Schutz und Gestaltungsspielraum des kirchlichen Selbstbestimmungsrechts (Artikel 140 GG) zu verlieren. Dazu gehört auch die Setzung eines eigenen Arbeitsrechts durch den Dritten Weg, der mit dem Schlüsselbegriff der „Dienstgemeinschaft" eine weitere sehr grundsätzliche Rahmenbedingung darstellt. Als Teil einer Dienstgemeinschaft und durch Satzung, Dienstanweisung und Arbeitsverträge an die Diakonie als Lebens- und Wesensäußerung der Kirche gebunden, stellen sich die Mitarbeitenden mit dem Eintritt in die Diakonie mit ihrer Arbeit in die Deutungshoheit der Kirche. Das evangelische Kirchenverständnis und die Achtung vor der Glaubensgeschichte jedes Einzelnen lassen jedoch einen weiten Raum für individuelle Entfaltung. Nicht die Anpassung an einen bestimmten Frömmigkeitsstil, sondern die

3– Vgl. Engelhardt, Klaus/von Loewenich, Hermann/Steinacker, Peter (Hg.): Fremde Heimat Kirche, Gütersloh 1997.

Unterstützung der Mitarbeitenden bei ethischer und religiöser Suche steht dabei für die Diakonie im Vordergrund.

Soziale Arbeit und Pflege sind Prozesse, die ganz überwiegend angewiesen sind auf den Kunden als Koproduzenten. Am beabsichtigten Ergebnis einer sozialarbeiterischen oder pflegerischen Intervention sind die Kunden wesentlich beteiligt. Wenn die Theorie eine ganzheitliche Sicht des Menschen als Grundlage bestimmt, gehören die religiösen Einstellungen und Wertvorstellungen der Kunden und der Mitarbeitenden selbstverständlich dazu. Insbesondere in Lebenskrisen, die durch Armut, Krankheit, Tod, Versagen oder Schuld ausgelöst werden, erwarten die Hilfesuchenden Orientierungshilfe und Antworten auf Sinnfragen. Die Mitarbeitenden sind gefordert als professionell Handelnde und in ethischen und religiösen Fragen als sprachfähige Persönlichkeiten. Um diesen Anspruch ohne bloße Addition zweier Welten sinnvoll in die praktische Arbeit integrieren zu können, müssen Soziale Arbeit und Pflege auf Augenhöhe mit kirchlich-diakonischen Theorien im Diskurs um praktikable Lösungen ringen.[4]

EXEMPLARISCHE SCHNITTSTELLEN ZWISCHEN SOZIALER ARBEIT, PFLEGE UND THEOLOGIE

1. Geplante Interventionen

Zu den methodischen Grundlagen von Sozialer Arbeit und Pflege gehören Regelkreise für geplante Interventionen. Diese Instrumente sollen auf eine sehr einfache Weise die Komplexität von geplantem sozialarbeiterischem und pflegerischem Handeln so reduzieren, dass sie planbar und das Ergebnis überprüfbar wird. In der Pflege wird überwiegend der P-D-C-A-Zyklus (Plan–Do–Check–Act) angewandt, in der Sozialen Arbeit Regelkreise, die zusätzliche Faktoren (zum Beispiel Analyse, Diagnose, Strategie, Methode, Reflexion) einbeziehen.

In der Sozialarbeit werden diese Zyklen auf allen Interventionsebenen angewandt. Von der einfachen Gesprächssituation mit einem Klienten bis zu komplexen Zusammenhängen einer Organisationsentwicklung können so Interventionen professionell geplant und umgesetzt werden.

4– Vgl. Rektorenkonferenz Kirchlicher Fachhochschulen (Hg.): Entdeckungen und Aufbrüche. Theologie und Ethik im Studium der Sozialen Arbeit, Opladen 2008.

Allen Zyklen gemeinsam ist die Gefahr, dass die Persönlichkeit und die Kompetenzen der Handelnden nicht ausreichend berücksichtigt werden. Es gibt nur wenige rein objektive Fakten im Prozess, viele Wahrnehmungen und daraus abzuleitende Interventionen sind auf die individuellen Voraussetzungen und Handlungsmöglichkeiten des Mitarbeitenden angewiesen. Es kommt also darauf an, für die einzelnen Schritte der Zyklen professionelle Instrumentarien zu haben und gleichzeitig im Sinne kritischer Selbstreflexion die jeweils eigenen Grenzen wahrzunehmen. Hier ist der entscheidende Ansatzpunkt für den Dialog mit der Theologie, weil eine zentrale Voraussetzung für den kritischen Umgang mit den eigenen Begrenztheiten für Christen die voraussetzungslose Liebe Gottes ist.

Welche Wahrnehmungsinstrumente stehen zur Analyse zur Verfügung? Hier kann es um physische (zum Beispiel körperliche Verfasstheit), psychische (zum Beispiel Grad von Abhängigkeiten), soziale (zum Beispiel Milieuzugehörigkeit, Kommunikationsfähigkeit) und andere Grundlagen für die weitere Arbeit gehen. Die Wahrnehmung von Sinn- und Orientierungsfragen, Fragen nach Glauben, Schuld und Vergebung sind eine Grundlage für die Integration von theologischen „Interventionen" im direkten Alltagshandeln mit Kunden/Klienten.

Auch die Ziele einer sozialarbeiterischen oder pflegerischen Intervention sind in der Regel nicht objektiv zu bestimmen. Im Aushandlungsprozess von Zielen zwischen dem Klienten und dem Sozialarbeiter/Pfleger sind die Vorstellungen von gelingendem Leben, das Menschenbild und nicht zuletzt Gottesbilder von mitentscheidender Bedeutung. Hier sind die Fähigkeit, über den eigenen Glauben zu sprechen, und die Fähigkeit, theologische Inhalte zu elementarisieren, notwendig, um auf unterschiedliche Klientenmilieus adäquat reagieren zu können.

Auch bei der Auswahl einer Strategie (Entscheidung über alternative Handlungsoptionen) und einer konkreten Methode für die Intervention können zum Beispiel biblische Texte und Rituale integriert werden und so eine den ganzen Menschen umfassende Hilfe entstehen.

Für eine kritische Reflexion, das heißt erneute Analyse nach Bearbeitung des Regelkreises und Bewertung der Effektivität und Effizienz der Intervention, ist eine hohe Selbstreflexions- und Kritikfähigkeit Voraussetzung. Der offene Umgang mit Fehlern und eigener Begrenztheit gehört genauso dazu wie die Freude über eine gelungene Hilfe. Die dazu notwendigen persönlichen Kompetenzen können durch eine Stärkung der theologischen Reflexionsfähigkeit gefördert werden.

Das Recht auf Selbstbestimmung und Partizipation der Klienten wird gestärkt, wenn der jeweils eigene Standpunkt des Klienten in den Phasen der Regelkreise wahrgenommen und beachtet wird. Vom „Ich weiß was gut für dich ist“ des Profis zu einem Aushandeln auf Augenhöhe zu kommen, ist Bedingung einer wertschätzenden, christlich motivierten Hilfe, die den Klienten als Nächsten sieht.

2. Qualität und Wirtschaftlichkeit

In Deutschland werden soziale und pflegerische Leistungen überwiegend in einem rechtlichen und ökonomischen Dreiecksverhältnis erbracht. Die Akteure sind dabei der Klient/Kunde, die Kostenträger und der Dienstleister. Die Interessen der Beteiligten sind unterschiedlich:

- Der Kostenträger will eine möglichst hohe Wirksamkeit erzielen, um mit so wenig Ressourceneinsatz wie möglich optimale Ergebnisse für den Kunden und die Solidargemeinschaft zu erzielen.
- Der Klient/Kunde will eine optimale Leistung in hoher Qualität. Der dafür notwendige Ressourceneinsatz ist für ihn zweitrangig, weil über die Solidargemeinschaft abgesichert.
- Der Dienstleister will zufriedene Klienten/Kunden und wirtschaftlichen Erfolg. Er hat die Aufgabe, seine beiden Partner, den Kunden und den Kostenträger, zufrieden zu stellen und dabei seine eigene wirtschaftliche Stabilität (Nachhaltigkeit von Hilfe und Erhalt von Arbeitsplätzen) zu sichern.

In der Sozialwirtschaft werden immer schärfer exakte Standards für die Leistungen definiert und kontrolliert. Die Dienstleister werden in ihren Verträgen zur Einhaltung und Selbstevaluation von vereinbarten Qualitäten verpflichtet. Gleichzeitig wird die finanzielle Ausstattung in der Regel nicht angemessen verbessert.

Die Mitarbeitenden erleben dieses Spannungsverhältnis zwischen vereinbarter und gewollter Qualität auf der einen und den ökonomischen Zwängen auf der anderen Seite als persönliches Dilemma. Die Motivation zu einer Ausbildung als Sozialarbeiter und Pfleger ist überwiegend vom Willen geprägt, Menschen in Notsituationen oder mit Entwicklungsbedarf auf der Grundlage der erworbenen professionellen Kompetenz zu helfen.

Die ökonomischen Rahmenbedingungen verlangen aber zum Beispiel kürzere Pflege- und Zuwendungszeiten zugunsten von Dokumentationen und Wirksamkeitskontrollen.

Die Diakonie-Theologie hat in diesem Dilemma eine anwaltschaftliche, ordnende und Mut machende Funktion. Sie kann dazu beitragen, den konstruierten Gegensatz zwischen ökonomischen und fachlichen Ansprüchen in einen fruchtbaren Diskurs zu bringen. Der ethisch verantwortbare Umgang mit den anvertrauten Ressourcen (kompetente Mitarbeiter, Zeit, Geld, Gebäude ...) ist als Ziel christlicher Sozialarbeit und Pflege dabei ebenso zu berücksichtigen wie die Qualitätsansprüche von Kunden und Mitarbeitern. Die Anpassung der konkreten Arbeit an die jeweiligen fachlichen, ökonomischen und gesellschaftlichen Rahmenbedingungen muss als fortwährender Prozess verstanden werden, der nicht die ethischen Grundlagen in Frage stellt. Durch das öffentlich und politisch engagierte Eintreten für gute und wirksame Hilfe kann dank der besonderen öffentlichen Stellung von Kirche und Diakonie Einfluss auf die Politik genommen werden. Mitarbeitende und Kirchenmitglieder erwarten kraftvolle Initiativen (siehe „Fremde Heimat Kirche") von Kirche und Diakonie.

3. Ganzheitliche Bildung

In einem rohstoffarmen Land wie Deutschland ist Bildung die zentrale Ressource für die Zukunftsfähigkeit und den Wohlstand der Gesellschaft. Mit der Zunahme sogenannter bildungsferner Milieus ist die Gefahr verbunden, ohne ausreichend qualifizierte Menschen das Wohlstandsniveau nicht halten zu können.

Die Politik reagiert auf diese Herausforderungen mit zahlreichen Maßnahmen, die jedoch wegen der föderalen Struktur der Bundesrepublik und der im europäischen Vergleich immer noch unterdurchschnittlichen Investitionen in Bildung wenig Wirkung zeigen.

Die Soziale Arbeit ist betroffen, weil mehr Kinder eine früh einsetzende institutionelle Förderung brauchen und weil es eine wesentliche Voraussetzung für eine breite Bildungsoffensive ist, die Erziehungsfähigkeit der Eltern zu verbessern. Nach einer ersten Welle der Instrumentalisierung und einseitigen Festlegung des Bildungsbegriffs auf Wissen und Kompetenzen für eine ökonomische Verwendung gibt es heute einen breiten Konsens für einen ganzheitlichen Bildungsbegriff, wie ihn auch die Kirchen in ihren Veröffentlichungen fordern:

„Kirche und Bildung, das gehört aufs Engste zusammen. Besonders durch die Reformation wurde betont, dass das Wachsen im Glauben der Bildung bedarf. Für Martin Luther setzte ein mündiger Glaube voraus, dass jede und jeder selbst die Bibel lesen konnte und so gebildet war, dass er den kleinen Katechismus, das Bekenntnis für den alltäglichen Gebrauch, nicht nur auswendig, sondern auch weitergeben konnte und damit sprachfähig im Glauben war. [...] So setzte sich Luther vehement für Bildungsgerechtigkeit und Bildungsteilhabe ein."[5]

„Lernen, das wirksam bildet, umfasst Fleiß und Neugier, sorgfältige Aufgabenerledigung, die selbstständige eigensinnige Suche, Kenntnisse und Verständnis, Wissen und Reflexionsfähigkeit, Problemwahrnehmung und Problemlösungskompetenz, disziplinierte Anstrengung und kreative Muße. Das heißt: Bildung, die den Menschen zum Maß nimmt, fördert den Menschen um seiner selbst willen."[6]

Eine Vielzahl von Projekten und Initiativen nimmt den Gedanken einer ganzheitlichen Bildung auf:

- der Deutsche Verein[7] mit seinen Veröffentlichungen zum Thema Bildungslandschaften
- die Elementarpädagogik mit der Einbeziehung von Ergebnissen der Hirnforschung in die pädagogischen Ansätze
- die Bundesländer mit der Verabschiedung institutionsübergreifender Bildungspläne (NRW: Curriculum für die Bildung von 0 bis 10 Jahren, 2009) und der Idee der Familienzentren
- die Kirchen mit ihren Denkschriften zur Bildung
- die Entwicklung von Ganztagsschulen mit integrierten Curricula für schulische und außerschulische Bildung

In Düsseldorf sind mit den Bildungsoffensiven des Jugendhilfeausschusses, der Beteiligung an der Bildungsregion und Bildungspartnerschaft eigene starke Impulse gesetzt worden.

5– Käßmann, Margot: Kirche und Bildung. Herausforderungen, Grundsätze und Perspektiven evangelischer Bildungsverantwortung und kirchlichen Bildungshandelns, Gütersloh 2009.

6– EKD 2003.

7– Deutscher Verein für öffentliche und private Fürsorge e. V., Berlin.

Für das Gelingen ganzheitlich verstandener Bildung sollen die Partner in den Sozialräumen/Quartieren und in der Kommune kooperieren. Institutionelle Übergänge sollen durch übergreifende Curricula weniger als Brüche konstruiert werden und Hilfen für Kinder, Jugendliche und Familien in der Begleitung von Bildungskarrieren aufeinander bezogen werden, um so Bildung für alle zu ermöglichen.

Die Evangelische Kirche und die Diakonie Düsseldorf haben eine besondere Verantwortung, weil sie in allen Bildungsfeldern aktiv sind und einen ganzheitlichen, die religiöse Bildung umfassenden Bildungsauftrag haben. Darüber hinaus können sie einer einseitigen Verzweckung von Bildung für ökonomische Ziele offensiv entgegentreten.

So verstandene kirchliche und diakonische Bildung kann sich nur entwickeln, wenn die Mitarbeitenden selber positive Erfahrungen mit ganzheitlicher Bildung machen. Dazu brauchen wir Fort- und Weiterbildungen, die die Sinn- und Orientierungsfragen und die notwendigen theologischen Kenntnisse so elementar in die Soziale Arbeit und Pflege integrieren, dass exemplarisch ganzheitliche Bildung erlebt wird. So können auch die Fortbildung von Angehörigen und Ehrenamtlichen im Umgang mit demenziell erkrankten Menschen, Seminare über die Begleitung Sterbender, Elternabende zum Thema Kinderschutz und gemeinsam vorbereitete Gottesdienste dazu beitragen, die theologischen Dimensionen von Sozialer Arbeit und Pflege zu reflektieren, und Mitarbeitern die Möglichkeit eröffnen, sprach- und handlungsfähig zu werden.

FAZIT

An den Beispielen „geplante Interventionen", „Qualität und Wirtschaftlichkeit" sowie „Bildung" sind die Chancen einer gemeinsamen Sicht von Sozialer Arbeit, Pflege und Theologie auf das konkrete Handeln exemplarisch dargestellt worden. Aus der Integration von ethischen und religiösen Fragen in den praktischen Alltag entstehen kreative Möglichkeiten, Mitarbeitenden und Klienten ganzheitlich zu begegnen, diakonische Identität jenseits von Proklamationen im Arbeitsalltag zu erleben. In der Diakonie gelingt der dazu notwendige Dialog auf der Grundlage gegenseitiger Wertschätzung und des Willens, Glauben, Leben und Lernen authentisch zu verbinden.

ULRICH LILIE

Satzungen lassen sich ändern

Diakonie im Kirchenkreis Düsseldorf

Der Ursprung der Diakonie ist die Gemeinde Jesu Christi, die ihre hilfebedürftigen Mitglieder nicht alleine lassen will. So heißt es in der idealtypisch gezeichneten Szene in der Apostelgeschichte über die erste Gemeinde: „Sie verkauften Güter und Habe und teilten sie aus unter alle, je nachdem es einer nötig hatte" (Apg 2,45). Seit den ersten Tagen der christlichen Gemeinde sind die Verkündigung des Wortes Gottes und die Verwirklichung der Gerechtigkeit in einer ungerechten Welt untrennbare Geschwister. Die ersten Christen wollten glaubwürdige Zeugen der Güte Gottes sein. Darum sollten zwölf Menschen dem Wort und sieben der Liebe dienen. Zweimal eine heilige Zahl, die daran erinnert, dass diese geschwisterliche Verbindung keine christliche Erfindung ist. Sie bleibt aber unaufgebbar christlicher Auftrag und Kennzeichen der christlichen Gemeinde und der christlichen Kirche (vgl. Apg 6,1–7).

Aus den Diakonen der Urgemeinde ist längst eine vielfältig aufgestellte und professionell agierende Diakonie geworden. Die Diakonie Düsseldorf ist ein hochkomplexes, fachlich ausdifferenziertes und leistungsstarkes Sozialunternehmen – und sie ist der übergemeindliche Träger des diakonischen Auftrages der Kirchengemeinden im Kirchenkreis Düsseldorf. Die zunehmende Spezialisierung, die Ökonomisierung des Sozialen und die kommunale Verantwortung für die sozialen Themen haben zu einer notwendigen weitgehenden Eigenständigkeit auch der Diakonie Düsseldorf geführt. Die Diakonie muss sich an anderen Plausibilitäten orientieren als eine Kirchengemeinde. Umgekehrt haben sich viele Kirchengemeinden als Folge von Mitgliederschwund und in geringerem Maße zur Verfügung stehender Ressourcen in den letzten Jahrzehnten gezwungen gesehen, das diakonische Engagement der Kirchengemeinden durch Hauptamtliche drastisch zurückzufahren. Diakone, Gemeindeschwestern oder Sozialpädagogen und Sozialpädagoginnen mit besonderen diakonischen Aufgaben gibt es in unseren Gemeinden kaum noch. Viele Gemeinden und Presbyterien fragen sich, wo sie und wie sie die diakonische Hälfte ihres Auftrages heute noch angemessen leben können. Gleichzeitig zeigt sich in der Außenwahrnehmung und bei allen EKD-Umfragen regelmäßig, dass diakonisches Engagement der Kirche erwartet wird und ihr Ansehen in der Öffentlichkeit entscheidend mitprägt. Kirchengemeinden, die sich aus dem diakonischen Engagement im Stadtteil und im Gemeinwesen zurückziehen, werden also nicht nur ihrem Auftrag nicht gerecht, sie verlieren auch an Zuspruch und Anerkennung im Sozialraum und in der Öffentlichkeit.

Dieses Dilemma und das Auseinanderdriften von professioneller, an den Sozialstaatsbedingungen und kommunalen Bedarfen ausgerichteter Diakonie einerseits und den diakonischen Bemühungen der Kirchengemeinden andererseits ist in den vergangenen Jahren vielfach als eine für beide Seiten nicht dienliche und wenig chancenreiche Entwicklung analysiert und beklagt worden. Allein, klagen hilft hier nicht. Es geht vielmehr darum, Modelle zu entwickeln, die das praktische Handeln (der Diakonie) in der christlichen Kirche mit der gleichen Würde ermöglichen wie das Verkündigen des Wortes Gottes.

Zu Recht hat Wolfgang Huber darauf hingewiesen, dass wir das Urbild der christlichen Gemeinde verzerren, wenn wir immer wieder „das Eine gegen das Andere ausspielen“ und „nur das Eine ernst nehmen und das Andere von uns schieben“.[1]

Diese durch die historische Entwicklung entstandene Arbeitsteilung kann nicht einfach romantisch nach der Devise „zurück zu den Ursprüngen“ auf die Situation der Urgemeinde zurückentwickelt werden;

1– So Wolfgang Huber in einer Predigt zur Apostelgeschichte 6,1–7 am 25. August 2002 in Wittenberg.

allerdings ist eine bessere und sichtbarere Verwirklichung der Verbindung zwischen verfasster Kirche und eigenverantwortlich und unternehmerisch organisierter Diakonie unter mehreren Aspekten eine zwingende Herausforderung: „Auch für das Evangelisch sein im 21. Jahrhundert gilt, dass das Evangelium in Wort und Tat, in Verkündigung und Diakonie bezeugt wird. Die Evangelische Kirche sieht in der Solidarität mit dem hilfsbedürftigen Nächsten eine zentrale Lebensäußerung der Kirche. Sie macht sich die Klage für Unfrieden und Ungerechtigkeit zu Eigen und sucht nach Wegen dazu, wie die vorrangige Option für die Armen und die vorrangige Option für gewaltfreies Handeln Gestalt gewinnen können. Deshalb bleibt es sehr wichtig, dass das Christentum nicht nur eine kirchliche und eine persönliche, sondern auch eine öffentliche Gestalt annimmt."[2]

Eine zeitgemäße und die Chancen nutzende Verbindung zwischen verfasster Kirche, Gemeinde und Diakonie ermöglicht nicht nur ein öffentliches Christentum, das einen kritischen und orientierenden Beitrag zur Gestaltung des Gemeinwesens übernimmt, es steht auch für eine gesellschaftlich engagierte und wache Kirche, die ihr Wächteramt genauso Ernst nimmt, wie ihren missionarischen und ihren Bildungsauftrag. Christlicher Glaube gewinnt dann an Überzeugungskraft, wenn er den Menschen im Alltag als eine immer neu zu verantwortende und überzeugende Mischung aus Wort und Tat begegnet.[3]

Die zum 1. Juni 2007 in Kraft getretene Satzung des Evangelischen Kirchenkreises Düsseldorf und die zeitgleich veränderte Satzung der Diakonie in Düsseldorf bieten für ein so verändertes und verantwortlich gestaltetes Beziehungsgefüge die notwendige Rahmensetzung. Die an der Ausarbeitung dieser Satzung Beteiligten waren sich darin einig, dass eine zukunftsfähige Struktur auch Diakonie und Kirche in neuer Weise aufeinander beziehen muss. Darum wurden hier in großer sachlicher Übereinstimmung und in einem glücklichen Moment für Diakonie und Kirche die folgenden Grundentscheidungen getroffen:

Die Diakonie in Düsseldorf ist als weiterhin selbständiges Unternehmen ein Teil der Abteilung Diakonie des Evangelischen Kirchenkreises Düsseldorfs. Neben der Diakonie sind weitere Einrichtungen und

2– Wolfgang Huber, Evangelisch im 21. Jahrhundert / Eröffnungsvortrag für den Zukunftskongress der Evangelischen Kirche in Deutschland, Wittenberg 25. Januar 2007

3– Vgl. dazu auch das EKD Reformpapier Kirche der Freiheit, Aufbruch beim täglichen Handeln in der Welt, Seite 82 ff

Handlungsfelder, wie z.B. auch ausdrücklich die gemeindliche Diakonie, als Aufgaben in dieser Abteilung zusammengefasst. Die Leitung dieser Abteilung wird übernommen von dem jeweiligen Diakoniepfarrer / der jeweiligen Diakoniepfarrerin und ist zugleich Sprecher / Sprecherin des Vorstandes der Diakonie Düsseldorf. Zugleich ist der Leiter / die Leiterin der Abteilung theologisches Mitglied des Kreissynodalvorstandes des Kirchenkreises. Dieser engen Verbindung auf der operativen und strategischen Leitungsebene entspricht eine enge Verbindung auf der Ebene der Mitglieder.

An die Stelle der Mitgliederversammlung der Diakonie, die sich bis zu diesem Datum aus den Vertretern der beteiligten 24 Kirchengemeinden zusammengesetzt hatte, wurde jetzt eine Mitgliederversammlung, die mit der Zusammensetzung der Synode identisch ist: Die Synode wurde zur Mitgliederversammlung der Diakonie Düsseldorf. Seitdem ist es auf unseren Synoden gute Übung, dass als ein Tagesordnungspunkt die Mitgliederversammlung der Diakonie aufgerufen wird, die Leitung dieses Tagesordnungspunktes nimmt dann der Kuratoriumsvorsitzende der Diakonie Düsseldorf wahr.

Seitdem hat sich nicht nur die Beteiligung bei der Mitgliederversammlung überragend gebessert, der Tagesordnungspunkt Mitgliederversammlung der Diakonie bietet auf unseren Synoden auch Gelegenheit zur kirchenöffentlichen Diskussion von wichtigen diakoniepolitischen und sozialpolitischen Fragestellungen und Entwicklungen in unserem Kirchenkreis.

Im Fachausschuss der Abteilung Diakonie sitzen nicht nur Fachleute und die Mitglieder des Kuratoriums des Unternehmens Diakonie, sondern auch Vertreterinnen und Vertreter der Gemeinden und der übrigen sozialen und diakonischen Einrichtungen und Arbeitskreise im Kirchenkreis. Auch auf dieser Ebene gelingt mehr gemeinsame Perspektive und mehr verantwortetes Aufeinander-bezogen-Sein.

Vor dem Hintergrund einer zunehmenden Ökonomisierung des Sozialen und einer immer stärker eingeschränkten Handlungsfähigkeit der einzelnen Ortsgemeinde bei der aktiven Mitgestaltung von sozialen und diakonischen Fragen hat uns diese Strukturentscheidung auch dabei geholfen, sehr schnell auf die neuen gesetzlichen Rahmenbedingungen des sogenannten Kinderbildungsgesetzes im Land Nordrhein-Westfalen zu reagieren. Unter den Bedingungen dieses Gesetzes hätten viele

Kirchengemeinden ihre Kindertagesstätten auf Dauer nicht auskömmlich finanzieren können. Eine neue Trägerstruktur unter dem Dach der Diakonie Düsseldorf hat uns dabei geholfen, dass wir als Evangelische Kirche gemeinsam mit der Diakonie der drittgrößte Anbieter von Kindergartenplätzen und Familienzentren in der Landeshauptstadt Düsseldorf bleiben werden. Die Kirchengemeinden können mit religionspädagogischen Angeboten, Familienfreizeiten und Gottesdiensten Kirche für Kinder und Familien bleiben. Diese neue Arbeitsteilung, die die organisatorische/fachliche und strategische Verantwortung für die Weiterentwicklung dieses Arbeitsbereiches bei der Diakonie Düsseldorf und die religionspädagogische und theologische Verantwortung bei den Gemeinden vor Ort verortet, erweist sich in für Kirche und Gemeinde unübersichtlicher werdenden Zeiten als chancenreich und wegweisend.

Neue Möglichkeiten für beide Seiten ergeben sich dadurch, dass die öffentlich-rechtliche Institution Kirche mit dieser Verbindung zu ihrer Diakonie nun auch über privatrechtliche Handlungsmöglichkeiten verfügt. Umgekehrt ermöglicht die Integration dieses wichtigen Handlungsfeldes mit Kindern und Eltern der Diakonie eine fachgerechte und unternehmerische Weiterentwicklung ihrer Handlungs- und Arbeitsfelder.

Wurde die Diakonie Düsseldorf von Seiten der Kirchengemeinden zeitweise als ein übergroßes Gegenüber wahrgenommen, entwickelt sich zunehmend auch bei vielen Kirchengemeinden eine wachsende Akzeptanz und ein Gespür für die gemeinsam entstehenden Chancen einer neuen Partnerschaft. Selbstverständlich sind mit diesem neuen Aufeinander-bezogen-Sein von Diakonie und Kirche für beide Seiten auch umfangreiche Lernaufgaben verbunden. Die Organisationskulturen und die Entscheidungsprozesse in einer professionell organisierten Diakonie und einer presbyterial-synodal verfassten Kirchengemeinde unterscheiden sich erheblich. Aber die Erfahrung zeigt, dass beide Seiten voneinander lernen und auch profitieren können. Die Diakonie als professioneller und unternehmerisch organisierter Träger fragt neu nach ihrer Identität, die sie von den Mitbewerbern auf dem sozialen Markt unterscheidet, und sie braucht den Bezug zum Gemeinwesen und zum Sozialraum, dafür bieten die Gemeinden überaus wertvolle Möglichkeiten.

Gleichzeitig entdecken viele Kirchengemeinden ihre Diakonie vor Ort wieder neu. Sie engagieren sich ehrenamtlich und auf andere Art und Weise unterstützend in ihren Einrichtungen auf dem Gemeindegebiet.

Hier liegen noch manche Lernwege, aber auch viele Chancen vor uns. Bei allen Anfangsschwierigkeiten hat sich aber ein Geflecht von Lern- und Kommunikationsprozessen ausgebildet, das in den letzten Jahren zu einem stärker werdenden gegenseitigen Vertrauen geführt hat. Die regelmäßigen runden Tische in den Gemeinden, wo Vertreter der Diakonie und der Kirchengemeinden zusammen über mögliche gemeinsame Perspektiven beraten, erweisen sich dabei als ein wichtiger Baustein. Die Kirchengemeinden haben auch etwas von der professionellen Ehrenamtsentwicklung und -begleitung in der Diakonie gelernt.

Gemeindepfarrer/-innen und gemeindliche Mitarbeitende lassen sich von der Diakonie zu Ehrenamtskoordinator/-innen ausbilden. Neue Netzwerke bilden sich und hilfreiche Ansprechpartner werden auf beiden Seiten gefunden. Die Mitarbeitenden der Diakonie lernen ihre Kirchengemeinden wieder neu kennen und helfen den Gemeinden, neue Gruppen und Fragestellungen für die gemeindliche Arbeit zu entdecken. Und Gemeinden und Diakonie handeln nicht mehr nur für, sondern auch mit den Bürgerinnen und Bürgern im Stadtteil.

War schon die Urgemeinde in Jerusalem bekanntlich keine Idylle, so ist in dieser neuen Partnerschaft in Düsseldorf auf beiden Seiten auch noch manche kulturelle Fremdheit und mancher Vorbehalt zu überwinden. Aber Diakonie und Kirche finden zusammen und werden in glücklichen Momenten zu einer überzeugenden diakonischen Kirche. Sie finden damit auf eine zeitgemäße Art und Weise zurück zu ihren Wurzeln.

THORSTEN NOLTING

Atmosphärische Qualitäten

Über das Evangelische in der Diakonie

Ein evangelisches Profil ausweisen zu können, ist seit einigen Jahren erklärtes Ziel vieler diakonischer Einrichtungen und Werke. Das ist nicht wirklich neu, scheint aber wichtiger geworden zu sein als zu Zeiten, wo sich Alleinstellungsmerkmale von selbst verstanden. Dabei vollzieht sich eine Art Wiederentdeckung der eigenen kirchlichen Herkunft und christlicher Grundbegriffe.

Die Diakonie findet sich im Umfeld der anderen Anbieter sozialer Dienstleistungen, die alle um fachliche Qualität und passgenaue Angebote bemüht sind. Kunden und Kostenträger erwarten besondere Anstrengungen zum Erreichen der geforderten Standards und zur ständigen Verbesserung der Angebote.

Kann es ernsthaft einen Unterschied geben zwischen evangelischer und „normaler" Pflege? Was ist an einer evangelischen Einrichtung für Wohnungslose messbar anders als an einer der AWO? Wird das Kirchenjahr nur in evangelischen Kindertagesstätten gestaltet? Man merkt an diesen Fragen bereits, dass ein Ansatz bei der fachlichen Kontrastierung schwierig geraten kann, weil dem anderen das fehlen soll, was einen selbst auszeichnet.

Eine weitere Möglichkeit für evangelische Profilierungen ist die Anwaltschaft für Menschen, die von Armut und Ausgrenzung betroffen sind. Die Öffentlichkeit hat sich über die Medien an kleine, energische und vor allem personifizierte Initiativen gewöhnt. Einzelne Protagonisten werden identifiziert mit dem Einsatz für Wohnungslose, für arme Senioren, Kinder in Not oder Lebensmittelausgabestellen. Die Gefahr für die Wohlfahrtsverbände ist, dass sie ausschließlich funktional daherkommen und nur als Lobbyisten in eigener Sache in Erscheinung treten. Dann kann es passieren, dass selbst hoch motivierte Interventionen nur als institutionelle Außendarstellung abgetan werden. Das ändert sich, wenn Personen erkennbar werden. Unterscheiden sich evangelische Protagonisten, die öffentlich für soziale Gerechtigkeit eintreten, von katholischen oder solchen vom Deutschen Roten Kreuz?

Wegen der schwierigen Unterscheidbarkeit, sowohl in der qualitativen Dienstleistung wie auch in der Anwaltschaft für die Armen, kommt es bei der Beschreibung des evangelischen Profils nicht selten zu floskelhaften theologischen Überhöhungen der eigenen Arbeit in Sätzen wie: „Diakonie als Verkündigung des Evangeliums durch die Tat ist auf Handeln und praktisches Helfen ausgerichtet.[1]

Nicht selten finden sich hierbei willkürliche Setzungen, die mit der Kultur diakonischer Unternehmen nur im Festredenmodus zu tun haben. Kaum einmal werden Mitarbeitende der Diakonie gefragt, ob sie selbst ihre Arbeit als „Verkündigung des Evangeliums“ deuten und was sie denn unter dem Evangelium verstehen.

Mit dem Vorsatz, einer aufgesetzten Ideologie zu widerstehen, hat die Diakonie Düsseldorf als Kirchenkreisdiakonie versucht, Merkmale zu erheben, die das Evangelische/Christliche charakterisieren und sprachlich fassbar machen. Was wird als evangelisch empfunden und bewertet, welches Leitmotiv kann glaubhaft in Wort und Tat vertreten werden?

Das ist die Perspektive, aus der die evangelische Profilierung der letzten acht Jahre anhand von drei Mitarbeitendenbefragungen und einer aktuellen Recherche in den Leitungsteams der Diakonie Düsseldorf betrachtet werden soll. Ein Erfolg wäre es, wenn das Besondere, das auch andernorts angetroffen werden kann, hier als gewollte Haltung und gestaltete Atmosphäre erwartbar und selbstbeschreibend umgesetzt ist.

1– Charakteristika einer diakonischen Kultur. Stärkung des diakonischen Profils, Hrsg.: DW EKD, 2008, 8.

Es heißt, die besseren Leitbilder sind kurz. Mit dem Doppelsatz „Wir leben Nächstenliebe. Wir gestalten Zukunft.“ hat die Diakonie Düsseldorf diesen Grundsatz befolgt. Dieses Leitbild ist das Kondensat eines langen Prozesses, an dem alle Mitarbeitenden und viele der 24 Düsseldorfer Kirchengemeinden im Jahr 2004 beteiligt wurden. Lange Listen wurden erstellt, das bisherige Leitbild befragt, auch das des Diakonischen Werkes der EKD aus dem Jubiläumsjahr 1998. Schließlich wurde in vielen Teamgesprächen die eigene Haltung beschrieben, Absichten erläutert, das Menschenbild und der Glaube diskutiert. In der abschließenden Sitzung mit 120 Mitarbeitenden wurden Nächstenliebe und Zukunftsgestaltung als Kernbotschaften aus dieser Sammlung herausgefiltert.

So selbstverständlich diese beiden Aussagen daherkommen, waren sie in den Institutionen nicht unumstritten. Es findet sich einerseits keine schöpfungstheologische oder christologische Formulierung in der Überschrift, womit einige hauptamtliche Presbyter unzufrieden waren. Auf der anderen Seite wurde deutlich, dass selbst der christliche Grundbegriff „Nächstenliebe“ für die Beschreibung des alltäglichen Tuns einigen Mitarbeitenden bereits als überhöhte und zu emotionale Eintragung unbrauchbar schien.

Unter dem Leitbild stehen zehn erläuternde Leitlinien, mit denen zentrale Inhalte der Arbeit aufgegriffen, aber vor allem die Nächstenliebe konkretisiert werden sollte.[2] Diese Festlegung hat die Diakonie Düsseldorf zunächst ideologisch strapaziert. Neben der Fachlichkeit ein Plus zu behaupten, das nicht messbar ist, forderte das gewachsene Selbstverständnis heraus.

Seither wird das Leitbild ständig überprüft. Die zentralen Einführungsveranstaltungen für neue Mitarbeitende (jährlich etwa 100 Teilnehmende) widmen sich dem Austausch über das Leitbild anhand der ersten Erfahrungen mit und Eindrücken von der Diakonie. Von Beginn an ist die Rückmeldung, dass einerseits die unausgesprochene Erwartung an einen evangelischen Träger darin nachvollziehbar ausgedrückt, aber andererseits auch die Motivation und Selbstbeschreibung der Mitarbeitenden gut getroffen ist.

2– Leitbild der Diakonie Düsseldorf, 2005, www.diakonie-duesseldorf.de.

Im Leitmotiv der Nächstenliebe und der Zukunftsgestaltung kommt die besondere Art der Zuwendung zum Gegenüber in jeder Begegnung offensichtlich gut zum Ausdruck.

Die neueste Mitarbeitendenbefragung vom Juli 2010, an der 1380 Mitarbeitende (68 Prozent) teilgenommen haben, bestätigt diesen Eindruck. Immerhin identifizieren sich 78 Prozent damit und nur 5 Prozent können wenig damit anfangen.[3] Auch Erhebungen unter Ehrenamtlichen[4] bestätigen in noch höherem Maße ihre Motivation als Nächstenliebe.

Auf der Leitungsebene ist versucht worden, das Leitbild als Unternehmensziel im Sinne der Balanced Scorecard auf das strategische Agieren der Diakonie zu übertragen und konkrete Ziele und Maßnahmen zu definieren. All diese Bemühungen stoßen auf die Schwierigkeit, die Haltung belegen und messen zu können. Der erste Schritt war deshalb, ein gemeinsames Verständnis von Nächstenliebe zu entwickeln.

So sehr die Nächstenliebe in einer evangelischen Einrichtung geboten ist, so unbestimmt ist doch ihr Inhalt. Sie ist auf die Situation ausgerichtet und nach gegenwärtiger Sozialterminologie stets am Bedarf orientiert. „Das Liebesgebot traut dem Menschen zu und mutet ihm zu, dass er in der konkreten Situation des Lebens seinen Nächsten sehe und wisse, was er zu tun hat.“[5]

Was aus Nächstenliebe geschieht und was nicht, kann ganz gleich aussehen.[6] Zum Glück ist die Nächstenliebe eine Möglichkeit menschlichen Miteinanders, unabhängig vom Glauben oder Kulturkreis (Lk 10). Im christlichen Sinn basiert diese Möglichkeit allerdings wesentlich auf der Erfahrung, selbst ein geliebtes Subjekt zu sein. Ein Christ darf darauf vertrauen, dass dies nie in Frage gestellt ist (Joh 13,34) und den Zweifeln an der eigenen Liebeswürdigkeit und der Fähigkeit zu lieben stets überlegen ist.

Aus der Sicht dessen, der sozialarbeiterische Zuwendung erfährt, ist Nächstenliebe die positive Deutung eines Hilfehandelns. Die Frage an die Mitarbeitenden der Diakonie ist: Ist diese Deutung angestrebt? Die lange

3– Mitarbeitendenbefragung 2010 durch das Institut Psychonomics. Organisational Consulting. Die vorherigen Befragungen brachten hier schlechtere Werte: 2004 52 Prozent und 2006 63 Prozent.

4– Befragung der ehrenamtlichen Mitarbeiter/innen der Diakonie Düsseldorf, durchgeführt von Konkret Consult Ruhr GmbH, 2011.

5– Bultmann, Rudolf: Glauben und Verstehen I, 1980, 239.

6– Kierkegaard, Sören: Das Leben und Walten der Liebe, 1924, 190.

Zeit der emotionalen Askese zugunsten eines versachlichten Umgangs mit den Klienten, Bewohnern oder Kunden auf der Basis von Qualitätsfestlegungen scheint ausreichend geübt, und die Professionalität als Kriterium steht für die soziale Arbeit nicht in Frage. Damit ist eine gute Situation gegeben, die es erlaubt, nicht mehr nur nach dem fachlich gebotenen Was und dem methodischen Wie, sondern auch nach der Motivation, der Deutung und emotionalen Ausgestaltung der sozialen Arbeit zu fragen – also nach der Haltung.

Das Leitmotiv der Nächstenliebe weckt zu Recht die Erwartung, dass das Gegenüber wertschätzend behandelt und dies emotional getragen wird. Dabei wird sich der Anteil an Selbstvergessenheit zugunsten des Anderen in der Nächstenliebe in einem ständigen Kontrast zu der normierten und in vielem festgeschriebenen Form der professionellen Zuwendung bewegen. Jedem, der mit Menschen zu tun hat, ist aber bewusst, dass genau das atmosphärische Plus – das sich auch in professioneller Distanz zugunsten des Gegenübers ausdrücken kann – den Kontakt und die Zukunftsfähigkeit einer Situation gestaltet.

Eine christliche Institution, sei es eine Schule, eine Kindertagesstätte oder die Diakonie, läuft Gefahr, sich diffusen Anforderungen zu verschreiben, wenn sie die Nächstenliebe zu ihrem Maßstab macht. Ständige situative Angemessenheit kann nicht nur die Motivation, sondern auch die moralische Belastbarkeit der Mitarbeitenden überfordern. Dies führt dann nicht selten zum Gegenteil, wo die Erwartung abgewehrt und schließlich enttäuscht wird.

Es braucht daher eine Institutionalisierung der Nächstenliebe, die die christliche Motivation der Mitarbeitenden unterstützt, die Professionalität und Fachlichkeit als Nächstenliebe gelten lässt und daran arbeitet, eine auf Nächstenliebe gestimmte Atmosphäre herzustellen, die den Einzelnen motiviert, aber auch entlastet.

GIBT ES EINE ATMOSPHÄRE DER NÄCHSTENLIEBE?

Kann eine Atmosphäre entstehen, die Nächstenliebe erfahrbar macht und haupt- und ehrenamtlich Mitarbeitende motiviert, sie konstant zu unterstützen und zu prägen? Kann diese Atmosphäre so eindrücklich sein, dass Menschen das pflegende, ratende und helfende Handeln diakonischer Einrichtungen als Nächstenliebe deuten?

Atmosphären treffen wir überall an. Wir treten in ein Haus ein und fühlen uns bedrückt oder aufgehoben, willkommen oder störend. Atmosphären „sind Räume, insofern sie durch die Anwesenheit von Dingen, von Menschen oder Umgebungskonstellationen"[7] eingefärbt sind. Als Atmosphäre wird also Verschiedenes gleichzeitig wahrgenommen. Viele Details werden nicht bewusst, sondern erinnern an Bekanntes und tragen zur Befindlichkeit bei. Wie ist es hier? Wie ist es bei uns? Es ist also immer auch eine Frage danach, welche Atmosphäre für eine Begegnung herrscht. Eine Atmosphäre „greift bei der Befindlichkeit des Menschen an, sie wirkt aufs Gemüt, sie evoziert Emotionen".[8]

Um also das Handeln und die Haltung im Einzelfall und von Einrichtungen und Institutionen auszudrücken, ist es wichtig, angemessene Beschreibungen für die gewollte Atmosphäre und die Art des Umgangs in dieser Atmosphäre zu finden.

Die Frage nach Innen- und Außenwahrnehmung des Evangelischen der verschiedenen Arbeitsbereiche wurde in den Teams der Diakonie Düsseldorf überwiegend mit der Auskunft über ein Mehr, ein diakonisches Plus beantwortet. Das wurde in der Pflege kaum anders beschrieben als in der Suchtkranken- oder Jugendhilfe. Es wurde neben der wertschätzenden Zuwendung zu den Klienten die besondere Kollegialität, das Eintreten füreinander und nach außen die Freundlichkeit, die Fachlichkeit und offene Ausstrahlung benannt. Auffällig waren die atmosphärischen Beschreibungen, die emotional präzise waren, aber selten glaubensbezogene Wendungen nutzten.

„Die Menschen vertrauen uns", brachte eine Altenpflegerin das aus ihrer Sicht Evangelische am Profil auf den Punkt. Der Begriff Vertrauen tauchte in fast allen Leitungsteamgesprächen von den Kindertagesstätten bis zur häuslichen Pflege auf und diente dazu, das Plus der Nächstenliebe zu konkretisieren.

Vertrauen ist ganz offensichtlich ein Beziehungsbegriff. Wer einem anderen vertraut, der richtet sich auf ihn aus und gibt sich hin. Wer vertraut, kann Geheimnisse anvertrauen oder die eigene Gesundheit. Vertrauen

7– Böhme, Gernot: Atmosphäre, 1995, 33.

8– Ebd., 39: „So sehr sich der Auftritt des verschwenderischen Kapitalismus der letzten Jahrzehnte bemüht hat, Atmosphären in Einkaufstempeln und Flagshipstores, auf Flughäfen etc. zu schaffen, so sehr ist diese Inszenierungsarbeit, die häufig einen ab- und ausgrenzenden Charakter hat, fraglich geworden. Das Auseinanderdriften der Gesellschaft ist atmosphärisch an Türstehern und dem bedienenden Personal [...] ablesbar."

entsteht durch Erfahrungen oder Assoziationen, nicht durch Nötigung oder Zwang.[9] Vertrauen erhofft immer etwas Gutes, nicht immer etwas Angenehmes, aber letztlich Richtiges und Heilsames.

So ist Vertrauen auch gebräuchlich, um die Haltung zu beschreiben, mit der ein Mensch sich glaubend zu Gott verhält. Wer glaubt, erwartet vom Gegenüber etwas Gutes.

Vielfach erweist sich, dass vertrauen zu können in sich schon heilsam ist. Das gilt für das Verhältnis zwischen Menschen wie auch für das des Einzelnen zu Gott. Wenn es also gelingt, Vertrauen konstant und in jeder Situation neu zu fördern, entsteht daraus ein wesentliches Merkmal einer Atmosphäre der Nächstenliebe.

„Wir begegnen allen Menschen offen" ist die Leitlinie, die sich größter Beliebtheit bei den Mitarbeitenden der Diakonie Düsseldorf erfreut. Sie beschreibt den Vertrauensvorschuss und das Wagnis, sich zugewandt und offen den Herausforderungen zu stellen, vor denen in der Pflege und sozialen Arbeit Tätige täglich neu stehen. Den Blick nicht auf die Defizite zu richten, sondern den ganzen Menschen zu sehen und auf die Ressourcen zu achten, bei den Stärken anzuknüpfen, das prägt meist schon sehr früh die gemeinsame Grundlage.

Rat- und Hilfesuchende, Pflegebedürftige und deren Angehörige, Kindertagesstätten- und Schulkinder mit ihren Eltern sind beim ersten Kontakt oft so unsicher, dass sie selbst Situationen nicht gestalten können und sich über ihre Empfindungen angesichts ihrer Lage nicht einmal klar sind. Wie ist mir zumute? Wo bin ich hineingeraten? Was für Leute sind das hier? Wie soll ich mich verhalten? Gefühle sind dabei nicht nur etwas Individuelles, Innerliches, sondern haben teil an der herrschenden Atmosphäre, der Stimmung. Die Frage nach dem Authentischen ist in der Angewiesenheit auf andere besonders virulent. Ist die Hilfsbereitschaft ernst gemeint?

Ist dieser Ausgangspunkt richtig beschrieben, dann gewinnt eine Atmosphäre der Nächstenliebe Gestalt, wo die diakonische Arbeit Vertrauen aufbaut und sich an den Potenzialen der Menschen und ihrer sozialen Kompetenz, also ihrer Chance, ihre Zukunft zu gestalten, orientiert.

In den Pflegeheimen, Kindertagesstätten und anderen Einrichtungen kommt die Möglichkeit dazu, die Atmosphäre der Nächstenliebe durch geistliches Leben zu unterstützen. Tischgebet, Andachten und Gottesdienste verdeutlichen nicht nur die christliche Haltung der Einrichtung,

9– Härle, Winfried: Dogmatik, 2000, 58.

sondern eröffnen eine Teilhabe an dem Grund und der Quelle dieser Atmosphäre. Sie tragen zur Vergewisserung der Mitarbeitenden bei und bestätigen die Deutung des Hilfehandelns. Dies gilt auch für die Kirchengemeinden, auf deren Gebiet einzelne Einrichtungen liegen oder Angebote stattfinden. Allein aus dieser Nähe heraus wird ein enormer Vertrauensvorschuss gewährt.

DAS MITEINANDER GESTALTEN

Die haupt- und ehrenamtlich Mitarbeitenden sind die Träger und Gestalter einer Atmosphäre der Nächstenliebe. Das erhoffte Plus ist nur bedingt im Bewerbungsgespräch erfragbar und es bleibt als diakonischer Maßstab zur Einschätzung der Arbeitsleistung nur die Bereitschaft und Fähigkeit, die vom Hilfe- und Ratsuchenden benötigte Unterstützung verlässlich, effizient und wertschätzend zu leisten. Das ist bereits ein hoher Anspruch an die Ausübung der eigenen Tätigkeit, an Führung und Kollegialität, der in der Diakonie Düsseldorf besteht.

Atmosphären entstehen in Situationen und Räumen. Meist sind sie geprägt von dem, was täglich hier geschieht, wie die Dinge zusammenspielen, wer das Sagen hat und wie miteinander umgegangen wird. In diakonischen Einrichtungen versuchen oft alle, sich auf die Klienten und Bewohner einzustellen. Das Miteinander wird großgeschrieben, gemeint sind aber die Mitarbeitenden häufig nur als die, die für den Rahmen sorgen – für andere. Dies gilt auch für das Verhältnis von Hauptamtlichen zu Ehrenamtlichen, wo die Ehrenamtskoordinatoren versuchen, zu motivieren, das Engagement so zu steuern, dass es präzise dort ankommt, wo es gebraucht wird. Die Ehrenamtlichen erwarten zu Recht, dass die Diakonie den Wert des Engagements zu schätzen weiß. Die Teamkultur, die Fortbildungsangebote, gemeinsame Gottesdienste und Feste drücken das aus.

Wie gehen aber die hauptamtlich Mitarbeitenden miteinander um? Welche Grundlagen für die Teamkultur finden sich, und ist hier das christliche Plus ebenfalls zu finden? Auf der Suche nach Antworten lässt sich für die Diakonie Düsseldorf zunächst wieder auf die Entwicklung der Mitarbeitendenbefragungen verweisen. Es zeigt sich konstant über die Jahre hinweg ein großes Vertrauen in die Kollegialität, in die Fähigkeit, Konflikte zu lösen, und dies scheint der ansonsten weit verbreiteten Misstrauenskultur zu widerstehen.

Die Atmosphäre der Nächstenliebe erweist sich auch auf der Ebene einer wechselseitigen Hilfsbereitschaft,[10] eines Einstehens füreinander. Aber auch in der konkreten Erwartung, dass ein evangelischer Arbeitgeber die persönliche Situation seiner Mitarbeitenden nicht achtlos übergeht, sondern sich sorgt und Hilfe zur Verfügung stellt, wo es nötig ist.

Die Vereinbarkeit von Familie und Beruf ist allerorts hoch im Kurs und wird bei der Diakonie Düsseldorf als großem Arbeitgeber durch flexible Arbeitszeiten bis zu Arbeitszeitkonten in einigen Bereichen unterstützt. Besondere Angebote zur Entlastung der familiären Situation bestehen bei Kindertagesplätzen, bei der Unterstützung in der Pflege aller Art. Hinzu kommt ein kommunikativer Führungsstil, der sich – wie vielfach aus den Teams berichtet – durch vorbildliches Eingehen auf die persönliche Lage in Trennungssituationen, bei Trauer und anderen Krisen auszeichnet.

Auf Ebene der Institution besteht das Angebot der theologischen Fortbildung, geistlicher Formate und der Seelsorge. Ein Ziel dieser Angebote ist, die Selbstvergewisserung und Motivation der Mitarbeitenden zu unterstützen sowie durch die Kommunikation des Evangeliums Befreiung und Entlastung bei Versagen, Schuld und Niedergeschlagenheit zu ermöglichen. Dies gilt auch für die ehrenamtlich Mitarbeitenden. Die gemeinsam erlebte Berufung zu sozialer Arbeit bei der Diakonie begründet die Dienstgemeinschaft als zentrales Charakteristikum der Unternehmenskultur, die in der gegenseitigen Wertschätzung in den Teams vor Ort, in der gemeinsamen Feier von Gottesdiensten und in der Entwicklung einer verbindenden Spiritualität zum Ausdruck kommt.

Die Vielfalt der christlichen Herkünfte wird in den Formaten berücksichtigt und die Ausprägung in Veranstaltungen kann und darf sich von den Frömmigkeitsstilen oder der Konzeption der einzelnen Kirchengemeinden unterscheiden. Erfahrungsgemäß wird dies als Bereicherung und Zugewinn an Lebendigkeit erlebt. Die Diakonie Düsseldorf fördert und sucht den ökumenischen und interreligiösen Dialog. Durch die Begegnung mit unterschiedlichen Lebenswelten formulieren Mitarbeitende nicht selten in neuer und freier Sprache Glaubensinhalte anders als in den überkommenen tradierten Versprachlichungen von Glauben. Diese Wahrnehmungen, die Interpretationen und die Ideen zu einer

10– Mitarbeitendenbefragung 2010, Fragen zur Teamkultur: Wir pflegen einen kollegialen Umgang miteinander – 79 Prozent positiv.

zeitgemäßen Kirchlichkeit bringt die Diakonie in die evangelische Kirche in Düsseldorf ein.

Die Vernetzung mit den Kirchengemeinden ist ein wesentliches Merkmal einer diakonischen Kultur. Die Diakonie Düsseldorf hat dies seit 2003 systematisch angebahnt und gestaltet. Mittlerweile ist eine Pfarrstelle für Kirchengemeinden und Diakonie eingerichtet, die Formen der Kooperation entwickelt und diakonische Initiativen in den Gemeinden unterstützt. Die Mitarbeitenden werden über Möglichkeiten informiert, sich in ihren Gemeinden zu engagieren und Verantwortung in Presbyterien oder Ausschüssen zu übernehmen.

Andererseits erfährt in Gemeindegottesdiensten (etwa im Monat der Diakonie) die Darstellung der diakonischen Arbeit der Wohnungslosenhilfe, der Migrantenarbeit, der Gefangenenfürsorge, der gemeinwesenorientierten Seniorenarbeit durch die Kommentierung anhand biblischer Texte, durch Kollekten und in der Fürbitte eine Einbettung, die sie deutend qualifiziert und den Mitarbeitenden der Diakonie bei der christlichen Interpretation ihrer Arbeit hilft. Nicht zu unterschätzen ist die Anerkennung, die mit dieser Einbeziehung in das zentrale symbolische Geschehen im Leben einer Gemeinde gegeben ist.

EINTRETEN FÜR SOZIALE GERECHTIGKEIT

Die Nächstenliebe im Vollsinn wird sich nicht ausschließlich situativ mit der Not und Hilfsbedürftigkeit von Menschen beschäftigen, sondern auch ihre Ursachen engagiert bekämpfen. Nächstenliebe führt als gesellschaftspolitische Aktivität zum Einsatz für soziale Gerechtigkeit und entsprechende Strukturen. Das geschieht einerseits, indem sich die Diakonie in den politischen Gremien zur Stimme derjenigen macht, die Unterstützung brauchen, wo ein Bedarf erhoben und beschrieben werden kann.

Konkrete Verbesserungen sind der Diakonie Düsseldorf zum Beispiel mit der Durchsetzung einer dritten Tagesstätte für Wohnungslose, mit der Errichtung eines Hauses für chronisch Mehrfachabhängigkeitskranke oder mit der Neuausrichtung der gemeinwesenorientierten Seniorenarbeit gelungen. Hier kann ein kommunales Werk unmittelbar anhand der Praxis den Bedarf aufzeigen und ein mit den Betroffenen entwickeltes Angebot einbringen.

Gerechtigkeit thematisiert soziale Beziehungen unter dem Gesichtspunkt konkurrierender Interessen und Ansprüche. Wer für soziale Gerechtigkeit eintritt, wird den Blick besonders darauf richten, wo Gruppen oder Einzelne vom sozialen Leben ausgeschlossen werden, wo eine Teilhabe erheblich erschwert oder unmöglich gemacht wird.

Um diesen Blick zu schärfen und die Beobachtungen und Einschätzungen abzugleichen, hat die Diakonie Düsseldorf 2007 eine Armutskonferenz und 2008 eine Migrationskonferenz aller Fachbereiche einberufen, um die Kenntnis und Erfahrung aus allen Feldern der sozialen Arbeit zu einer Gesamtaufnahme der Situation zu nutzen. Ausgangspunkt der Überlegungen ist die Würde des Einzelnen, die ihm oder ihr unabhängig von Leistungsfähigkeit und Eigenschaften zukommt. Aus den unterschiedlichen Perspektiven ergaben sich einige kommunalpolitisch relevante Forderungen. Um diese zu publizieren und eine Diskussion anzuregen, wurde „Armut. Diakonie gegen Armut und Ausgrenzung", eine kleine Reihe von Veröffentlichungen, ins Leben gerufen, die gezielt Themen in die Kirchengemeinden und die politische Öffentlichkeit bringen.[11] Für die Mitarbeitenden ist es häufig eine Frage der Wertschätzung ihrer Arbeit mit Randgruppen der Gesellschaft, inwiefern sich der Träger mit den Zielen der Verbesserung der Situation identifiziert. Aber auch Ehrenamtliche wünschen sich öffentliche Stellungnahmen. Dies kam durch die Erfahrung mit einem neuen Format, der Ehrenamtsplattform, heraus. So fand ebenfalls zum Thema Armut im Herbst 2009 ein von Hauptamtlichen vorbereitetes Treffen mit 80 ehrenamtlich Engagierten statt. Altersarmut als Zukunftsfrage, bezahlbarer Wohnraum und das Sozialticket waren klare Forderungen, bei denen der Vorstand gebeten wurde, diese zu vertreten. Es ist eine Frage authentischen gesellschaftspolitischen Engagements, hier nicht übereifrig, aber auch nicht zu zurückhaltend zu agieren.

Um soziale Gerechtigkeit geht es auch im Blick auf benachteiligte Quartiere. Die offensichtliche Ausgrenzung einiger Zonen aus der öffentlichen Darstellung des Stadtbildes führt zu erheblichen Nachteilen für die Bewohner dieser Bereiche. Nach einer langen Phase der Spezialisierung gilt es für die Diakonie, die Parochie und den Stadtteil neu zu entdecken.

In der gemeinwesendiakonischen Arbeit geht es darum, die Energie von Menschen im Quartier zu nutzen, ihnen Raum zu geben für ihre

11– Themen: Mobilität für alle (Sozialticket), ein hochbelastetes Quartier, Sozialberatung, Gemeinwesenarbeit, Bleiberecht.

Begabungen, das Ehrenamt zu fördern und offene Formen der Beratung und der Diskussion zu entwickeln.

Auch hier steht die Offenheit für alle Menschen an erster Stelle. Offenheit bezieht sich auch auf die Kooperationsbereitschaft von Initiativen und Institutionen, Religionsgemeinschaften und unterschiedliche soziale und kulturelle Prägungen. Offenheit zu halten, auch wenn sich Strukturen herausbilden, ist im Quartier neben der Präzision und Qualität einzelner Angebote der Schlüssel, um Teilhabe zu organisieren. Die Gemeinwesendiakonie hat die Chance, sich als wirksames Mittel gegen soziale Ausgrenzung und zur Verminderung von Armutsrisiken zu profilieren. Die Ansätze in den Familienzentren und den „zentren plus“ für Senioren zeigen bereits Wirkung im Zusammenspiel von diakonischen Einrichtungen und Gemeindeleben im Quartier.

Zum evangelischen Profil und zu einer Atmosphäre der Nächstenliebe gehört es, die konkrete Hilfe und Verbesserung der individuellen Lebenssituation mit sozialer Gerechtigkeit zusammenzuhalten.

STÖRUNGEN DER ATMOSPHÄRE DER NÄCHSTENLIEBE

Immerhin ein Drittel der Mitarbeitenden erklärte, dass die Arbeitsbedingungen – insbesondere die Personalausstattung – die Umsetzbarkeit des Leitbildes einschränken.

In der Mitarbeitendenbefragung fällt auf, dass es eine Abweichung von 20–30 Prozent zwischen der Zustimmung zum Leitbild und der tatsächlichen Umsetzung in den einzelnen Abteilungen gibt. Die Teams begründen das sehr unterschiedlich. Im Bereich der häuslichen Pflege ist es vor allem der eklatante Mangel an Zeit. Die wenigen Minuten, die für die Pflege zur Verfügung stehen, geben keine Gelegenheit, der oft großen Einsamkeit und dem Bedürfnis der Pflegebedürftigen nach Gespräch und Nähe ausreichend zu begegnen. In einigen Kirchengemeinden war es bislang möglich, die Gemeindeschwester und einen Besuchsdienst zu rufen. Dieses Tandemmodell findet nun seine Grenzen. In Düsseldorf wird wie vielerorts als Folge der Verknappung der Kirchensteuermittel die Arbeit der Gemeindeschwestern und des Besuchsdienstes allmählich eingestellt.

In gewisser Weise gilt dies auch für den stationären Bereich, wobei hier die Einbindung der Bewohner – wo möglich – durch den sozialen Dienst und die Hauswirtschaft in die Zubereitung der Mahlzeiten, die hohe Zahl Ehrenamtlicher in den Einrichtungen und die Unterstützung in der seelsorglichen Begleitung der Bewohner durch die Gemeindepfarrer die Situation deutlich besser machen.

Die Diskrepanz zum Leitbild entsteht also vor allem durch Zeitmangel angesichts des enormen Kontaktbedarfs der Hilfesuchenden und durch das Wegbrechen gemeindlicher Unterstützungsstrukturen.

Mitarbeitende müssen damit rechnen können, von der Institution auch ohne das Plus als wertvoll und im Vollsinn geschätzt zu gelten. Es darf keine Glaubens- und Gewissensüberprüfung geben. Die Grenze ist aber da erreicht, wo gegen die Atmosphäre der Nächstenliebe agiert wird. Das ist dann der Fall, wenn die Arbeit nachlässig und zum Schaden der Klienten geschieht. Aber auch wenn der Wille fehlt, Streit und Konflikte zu bewältigen, oder Teams einzelne Mitarbeitende ausgrenzen. Die Ergebnisse der Befragung weisen glücklicherweise auf wenige Probleme in diesem Sinne hin.

Gefördert wird die Atmosphäre der Nächstenliebe, wo der Kontakt zur umgebenden Kirchengemeinde gelingt. Keine Teilhabe am Gemeindeleben und umgekehrt eine Ablehnung der Einrichtung führen nicht selten zu einer unnötigen Disharmonie. Ein unverbundenes Nebeneinander evoziert die Frage, ob denn nicht gesehen wird, was an Nächstenliebe hier geschieht, weil es offensichtlich in Gottesdiensten und der Selbstinterpretation der Gemeinde keine Rolle spielt. Auch die Einrichtungen werden in ihrem evangelischen Profil fraglich, wenn sie nicht einladen und Interesse und Engagement aus der Gemeinde heraus wecken wollen.

Viele Störungen sind inzwischen behoben worden, aber um die Atmosphäre der Nächstenliebe gemeinsam zu gestalten und erlebbar zumachen, sind Vertrauen, Offenheit und Respekt unerlässlich.

WO?

Die Bibel berichtet gelegentlich vom Wohnen Gottes bei den Menschen, bei seinem Volk, bei den Zerstreuten im Exil, auf dem Zion. „Das Wort ward Fleisch und wohnte unter uns“ (Joh 1,14) ist sicher der evidenteste Hinweis auf die spürbare Nähe. Fragt sich, wie Gott das macht. Wie kann der unendliche Gott in begrenzten Gemeinschaften oder gar Räumen wohnen? Und wenn, was hier nicht erörtert werden kann[12]: Unter welchen Bedingungen ist Gott anwesend, welche schafft oder braucht er?

Das sind auch Fragen an das Entstehen und die Architektur von Atmosphären. Wie sind sie aufgebaut, und lassen sie sich konstruieren? In der Darstellung der Nächstenliebe wurde versucht, atmosphärische Qualitäten zu erheben und die Diakonie Düsseldorf darauf zu befragen, wie das Evangelische auf diese Weise nachvollziehbar dargestellt werden kann.

Eine solche Institutionalisierung der Nächstenliebe hängt wesentlich davon ab, ob es gelingt, die Haltung der haupt- und ehrenamtlich Mitarbeitenden, sofern sie „Nächstenliebe leben“ wollen, konsequent zu unterstützen.

Atmosphären sind nicht statisch, sondern verändern sich mit jeder eintretenden Person, mit jeder baulichen Verschiebung und den wechselnden Konstellationen der Bewohner oder Besucher.

Eindrucksvoll haben Menschen versucht, durch konkrete Bauten dem Heiligen einen Ort zu geben und es erkennbar zu machen. Dasselbe gilt für jede ritualisierte und bauliche Anstrengung, die der Repräsentation von etwas gilt, das konkret und entzogen zugleich ist. Für Paläste, die die Macht des Königs, und Rathäuser, die die Macht der Ratsherren darstellen sollen. Aber auch für Plenarsäle, um die Idee der Demokratie baulich zu unterstützen. Auch die soziale Arbeit steht vor dieser Darstellungsfrage, würdige Räume und wertschätzende Konstellationen zu schaffen. „Der Lebensraum prägt die Eigenart seiner Lebewesen. […] Menschen erfahren ihren Raum als beides: Weite und Grenze“.[13]

Bei der Umgestaltung von Kindertagesstätten zu Familienzentren, beim Neubau von Pflegeheimen oder bei der Einrichtung eines Hauses für chronisch Mehrfachabhängigkeitskranke ist dies ein wesentliches Kriterium: die finanziellen Spielräume zu nutzen, um so viel positive und wertige Elemente wie möglich zu realisieren und zugleich Freiraum zur Entwicklung und zum Einbringen der Potenziale der Anwesenden zu belassen.

Die Diakonie Düsseldorf versucht, Offenheit, Vertrauenswürdigkeit und das Eintreten für soziale Gerechtigkeit am Platz der Diakonie zusammenzubringen. Privates Gelände wurde zu öffentlichem Raum, ein Kirchenraum symbolisch ins Zentrum gerückt, ein Pflegeheim gebaut, der

12– Siehe dazu Moltmann, Jürgen: Das Kommen Gottes. Christliche Eschatologie, 1995, 331 ff.
13– Moltmann, Jürgen (Hg.): Wo ist Gott? Gottesräume – Lebensräume, 2002, 31.

Stadtteil aufgewertet und die Einladung zur Mitgestaltung ausgesprochen. Der Diakonie Düsseldorf ging es darum, ein positives, evangelisches Signal ins Quartier zu senden und Nächstenliebe öffentlich zu etablieren.

Es bleibt eine Aufgabe, hier gemeinsam mit der Kirchengemeinde diese Ausstrahlung zu stärken und die Interpretation und Erfahrung zu ermöglichen, dass es Gott ist, der letztlich diese Atmosphäre prägt und für das Gelingen des Miteinanders steht. Die Wesensbeschreibung Gottes als (Nächsten-)Liebe[14] in den Johannesbriefen in Formulierungen wie „Wer seinen Bruder nicht liebt, den er sieht, wie will er Gott lieben, den er nicht sieht?" macht deutlich, dass die Darstellung des Glaubens nicht anders als in der Nächstenliebe geschehen kann.

Es wäre ein Missverständnis, wenn die Diakonie beanspruchen würde, die Gegenwart Gottes verorten zu können und in einer Haltung, in Settings und Räumen als machbare Atmosphäre zu gestalten. Vielmehr erfährt die soziale Arbeit, die sich als Nächstenliebe versteht, das immer wieder überraschende Gelingen von konkreter Hilfe, Unterstützung, Ermutigung und Eintreten für soziale Gerechtigkeit und das Geschenk der Geduld im Scheitern. Die Diakonie Düsseldorf erfährt in der Arbeit an der Haltung und der Atmosphäre der Nächstenliebe zunehmend positive Deutungen durch die Klienten, Bewohner und Spender.

Bei allem Engagement und intensivem Bemühen, das evangelische Profil in den beschriebenen Merkmalen als Institution bei den Mitarbeitenden und Nutzern der Diakonie zu fördern, kann es doch nur die Suche nach der Anwesenheit Gottes sein und die Freude daran, dass er in der Nächstenliebe nirgends anders als mitten unter uns ist.

14– Der griechische Begriff „agape" steht gleichermaßen für die Liebe Gottes und die Liebe zum Nächsten.

HEINZ-WERNER FRANTZMANN

Zur Unterstützung des evangelischen Profils der Diakonie durch die Kirchengemeinden

Die Auseinanderentwicklung von Kirchengemeinden und Diakonie in den letzten Jahrzehnten, das heißt von Gemeindediakonie und anderen außergemeindlichen Formen der Diakonie, ist zwar im Sinne der funktionalen Differenzierung gesellschaftlicher Systeme verständlich und im Sinne einer Arbeitsteilung in der modernen Gesellschaft unverzichtbar, darf jedoch nicht als Trennung verstanden oder gar gefördert werden. An der Entwicklung einer diakonischen (Gemeinde-)Kirchenlandschaft in Düsseldorf sollen die Chancen eines Miteinanders erläutert werden unter der Perspektive des Beitrags der Kirchengemeinden.

Kirchengemeinden und die Diakonie Düsseldorf sind im Kirchenkreis Düsseldorf in besonderer Weise miteinander verbunden. Diakonie versteht sich als Gemeindedienst der evangelischen Gemeinden, der das jeweilige Profil achtet, ergänzt und unterstützt und dabei die gemeinsame Grundlage und das Selbstverständnis als evangelische Kirche in Düsseldorf betont.

Die Diakonie Düsseldorf nimmt für die evangelischen Kirchengemeinden in Düsseldorf alle diakonischen Aufgaben wahr, deren zentrale Bearbeitung durch eine Stelle notwendig oder zweckmäßig ist. Das hat nie die enge Zusammenarbeit zwischen Kirchengemeinde und zentral organisierter diakonischer Einrichtung vor Ort erübrigt.

Eine wesentliche Umstrukturierung fand 2007 statt, als das Organigramm des einen evangelischen Kirchenkreises in Düsseldorf – vormals drei Kirchenkreise – die Diakonie als einen Teil der Kirche definierte und so als kirchliche Grunddimension und Wesensäußerung der Kirche integriert hat. Als erste kreiskirchliche Pfarrstelle des neuen Kirchenkreises wurde sie für „Kirchengemeinden und Diakonie“ errichtet. Sie hat die Aufgabe, das Zusammenwirken zu fördern, eine gemeinsame Identität zu stärken und diakonische Entwicklungen zu koordinieren. Die diakonischen Einrichtungen und Projekte der Kirchengemeinden werden fachlich und organisatorisch von allen Fachbereichen der Diakonie unterstützt. Ziel der Pfarrstelle ist, eine gemeinsame Identität von Diakonie und Kirche bzw. Kirchengemeinden zu fördern und diese in einem erkennbaren evangelischen Profil wirksam werden zu lassen. An einigen zentralen Beispielen soll die Unverzichtbarkeit der Kirchengemeinden mit ihren sehr unterschiedlichen Beiträgen zum evangelischen Profil der Diakonie deutlich werden.

KIRCHLICH-DIAKONISCHE ORTE

Das Herausbilden einer gemeinsamen Identität, die Umsetzung des Leitbildes der Diakonie Düsseldorf und die Realisierung von anschlussfähigen Ansätzen einer Gemeinwesendiakonie brauchen Orte, an denen das Zusammenwirken und die Begegnung von Kirchengemeinden und Diakonie partnerschaftlich ermöglicht und gestaltbar werden. Die Diakonie kann dabei nur als Teil der Kirche verstanden werden.

Die Entscheidung der Diakonie, kirchliche Standorte und Gebäude zu nutzen, um diakonische Neubauten zu errichten, führte in einigen Kirchengemeinden zu einer engen inhaltlichen und räumlichen Verzahnung. Dies zeigt besonders der Platz der Diakonie in Flingern-Süd mit der Versöhnungskirche, dem Stadtteilladen und einem Alten- und Pflegezentrum, dem Wichernhaus. Dieses Ensemble ist ein lebendiger Ort geworden, an dem Kirche und Diakonie ihren Auftrag in Verkündigung, Seelsorge und Beratung, Bildung und Gemeinschaft, Pflege und Hilfe gemeinsam wahrnehmen. Vorausgegangen war die Entscheidung, als Gemeinde und Diakonie bewusst in einem sozial schwierigen Stadtteil zu bleiben. Mittlerweile geht von diesem 2008 fertiggestellten kirchlich-diakonischen Ort eine hohe Strahlkraft aus, die das evangelische Profil der Diakonie für die Menschen in der Gemeinde und im Stadtteil sichtbar und erfahrbar werden lässt.

Im gesamten Stadtgebiet wachsen solche Orte durch Partnerschaften und Kooperationen, die Kirchengemeinden mit Einrichtungen oder Häusern der Diakonie entwickeln und inhaltlich mitprägen. Als Beispiele seien genannt die Tagesstätte für Wohnungslose Horizont in der Friedenskirchengemeinde, das Helmut-Gollwitzer-Haus in der Osterkirchengemeinde oder die Pflegeheime der Diakonie, die im Sozialraum verankerten „zentren plus“ und die 19 evangelischen Familienzentren.

Weil einige Kirchengemeinden sich von Kirchengebäuden oder Gemeindezentren trennen müssen, entstehen gemeinsam mit der Diakonie Neubaukonzepte, die Wert darauf legen, dass Kirche und Diakonie gemeinsam für die Menschen da sind und ein evangelisches Profil in Verkündigung, Seelsorge und diakonischer Gemeinschaft umgesetzt wird.

Über solche diakonischen Zentren, wie sie zum Beispiel in Gerresheim, Holthausen oder Wersten entstehen, werden neue Wege und Chancen eröffnet, gemeinsam präsent zu sein, um missionarisch und diakonisch wirken zu können.

DIAKONIESONNTAGE – AUFGABE UND CHANCE EINER DIAKONISCHEN GEMEINDEENTWICKLUNG

Das diakonische Profil einer Kirchengemeinde zu stärken oder neu zu prägen, ist eine wesentliche Aufgabe der Presbyterien in enger Zusammenarbeit mit den Gemeindediakonieausschüssen. Diese Ausschüsse haben sich in einigen Gemeinden erst neu zusammengefunden als Ansprechpartner der Diakonie Düsseldorf. Über die Etablierung von runden Tischen ist es gelungen, die diakonischen Einrichtungen vor Ort und das diakonische Engagement der Kirchengemeinden in einen Dialog zu bringen.

Oft werden in der Gestaltung von Diakoniesonntagen diese Kontakte intensiviert und können in der Gemeinde als Impulse für einen missionarisch-diakonischen Gemeindeaufbau wahrgenommen und diakonische Aufgaben und Ziele konkretisiert werden. Durch Diakoniesonntage sind Impulse entstanden, neue Themen aufgegriffen und diakonische Lernprozesse gefördert worden. Im besten Fall prägen sie das Kirchenjahr, das

Gemeindeleben und den Sozialraum auf eine konkrete und wirkungsvolle Weise mit.

Kirchengemeinden haben die Chance, soziale Probleme und Handlungsmöglichkeiten früh zu erkennen. Sie sind nah bei den Menschen und können oftmals erste und wichtige Anlaufstellen im sozialen Netzwerk sein. Die Anteilnahme an Lebenssituationen kann dadurch gefördert und Achtsamkeit entfaltet werden.

Diakoniesonntage analysieren und kommunizieren Bedürfnisse und Lebenssituationen vor dem Hintergrund der biblischen Botschaft. Diakoniesonntage bieten die Chance, dass sich Gemeinden öffentlich als Kirche in der Welt, als solidarische Kirche und als Kirche mit anderen und für andere darstellen.

Gemeinden können so zum diakonischen Lernort werden und Gemeinde, Gemeindediakonie, örtliche oder regionale diakonische Einrichtungen und Werke, Initiativgruppen und politische Akteure vernetzen.

Darin liegt eine missionarische und diakonische Option, die nachhaltige Projekte für die betroffenen Menschen entwickeln hilft, das Gemeindewachstum und Image einer Gemeinde und der Diakonie fördert und sich für neue Gruppen und Meinungen öffnet.

GEMEINSAM GEGEN ARMUT UND SOZIALE AUSGRENZUNG – EIN NETZWERK VON KIRCHE UND DIAKONIE

Die Strategie der Diakonie Düsseldorf „2012 – Soziales sichern“ beschreibt als ein leitendes Ziel: Wir setzen uns für soziale Gerechtigkeit ein. Die EKD-Denkschrift von 2006 „Gerechte Teilhabe“ ermutigt dazu: „Eine Kirche, die auf das Einfordern von Gerechtigkeit verzichtet, deren Mitglieder keine Barmherzigkeit üben und die sich nicht mehr den Armen öffnet oder ihnen gar Teilhabemöglichkeiten verwehrt, ist – bei allem möglichen äußeren Erfolg und der Anerkennung in der Gesellschaft – nicht Kirche Jesu Christi.“

So wurde das Thema des Europäischen Jahres 2010 „Gegen Armut und soziale Ausgrenzung“ gemeinsam von Kirche und Diakonie Düsseldorf aufgegriffen, öffentlich diskutiert und reflektiert.

Armut und soziale Ausgrenzung entwickelte sich so zu einem gemeinsamen Thema von Kirchengemeinden und ihrer Diakonie.

Kirchengemeinden und Diakonie sind dort starke Partner im Stadtteil, wo sie sich gemeinsam im Gemeinwesen einmischen und als evangelische Kirche Mitverantwortung für die soziale Entwicklung einer Stadt übernehmen. Jedoch darf sich eine diakonische Kirche nicht nur auf die Mahner und Notversorgerrolle reduzieren. Kirche und Diakonie müssen in den Gemeinden und Stadtteilen mittendrin sein, sich den Menschen mit und ohne Kirchenbindung öffnen und ihre Ressourcen einbringen, in Netzwerken arbeiten und Motor für Projekte sein.

Kirchengemeinden und Diakonie sind also gefragt, wie sie der wachsenden Armut begegnen wollen. Dazu gehört eine theologische und ekklesiologische Reflexion.

In 22 Kirchengemeinden fanden im Jahr 2010 Diakoniegottesdienste statt, die gemeinsam mit Mitarbeitenden der Diakonie vorbereitet, gestaltet und gefeiert wurden. Über diese Zusammenarbeit wächst das gemeinsame evangelische Profil, das sich von einem aktuellen sozialdiakonischen Thema und von persönlichen Verbindungen bzw. fachlichen Beratungen getragen weiß.

Ausgehend von einer biblischen Wegweisung und den erkennbaren Problemen der Menschen in einem Quartier entstand ein gemeinsames Netzwerk von Kirchengemeinden und Diakonie, das die mittlerweile entwickelten Hilfeformen miteinander koordiniert und weiterentwickelt.

Kirchengemeinden bringen sich als lokale Akteure im Gemeinwesen ein und entdecken ihren diakonischen Auftrag neu. Gemeinsam mit der Diakonie Düsseldorf setzen sie sich für die Armen ein und schärfen das diakonische Profil in Verkündigung, Seelsorge und konkreter Hilfe: Lebensmittelausgaben, Sozialberatung, Sozialkaufhäuser, Kleiderladen, Frühstückstreffs, Mittagstisch, Seelsorge und Beratung, finanzielle Einzelfallhilfen, Diakoniebüro, Gemeinschaftsformen, Tauschbörsen, Kochkurse, Partnerschaften.

Mittlerweile sind in dieser vernetzen Arbeit gegen Armut und soziale Ausgrenzung 13 Kirchengemeinden gemeinsam mit der Diakonie aktiv und erweisen sich als Kirche für andere.

Unterstützt wird dieser Prozess durch die regelmäßig erscheinende Publikation „Armut“, die die verschiedenen Formen der Armut analysiert und gerade auch in den Kirchengemeinden Adressaten findet, die die benannten sozialpolitischen Forderungen und Positionen aufnehmen und öffentlich stärken helfen (zum Beispiel Sozialticket, Sozialberatung oder bezahlbarer Wohnraum).

EVANGELISCHE FAMILIENZENTREN

Ein evangelisches Familienzentrum bietet sozialraumorientiert Betreuung, Bildung, Beratung, Begegnung und Erziehungshilfe an. Ein familienorientierter, systemischer Ansatz, verbunden mit Offenheit, Kooperation und Transparenz, schafft Möglichkeiten, Familien zu stärken und zu unterstützen.

Ein wichtiges Anliegen ist es, Familien aller sozialen und kulturellen Schichten frühzeitig zu erreichen (Prävention und Integration), die Vereinbarkeit von Familie und Beruf zu ermöglichen (Betreuungszeiten) und Hilfe zur Bewältigung von familiären Schwierigkeiten anzubieten.

Durch den Aufbau eines Systems von Familienzentren in Düsseldorf sollen in den Tageseinrichtungen für Kinder wohnortnahe Zentren entstehen, in denen Eltern in vertrauter Umgebung Hilfe bei der Erziehung und Bildung ihrer Kinder erhalten.

Das Erziehungs-, Bildungs- und Betreuungsangebot der evangelischen Tageseinrichtungen für Kinder ist bereits auf hohem fachlichen Niveau. Das Kinderbildungsgesetz NRW bleibt weiterhin für alle Tageseinrichtungen eine verpflichtende Grundlage zur Erfüllung der pädagogischen Standards. Die Kriterien zur Erreichung eines Gütesiegels und die Anforderungen an ein Familienzentrum werden gemeinsam mit den Kooperationspartnern umgesetzt und orientieren sich am Bedarf der Familien.

Ein bewusst evangelischer Weg kann es sein, in dieser familienpolitischen Neuorientierung eine Chance für die zukünftige Gemeinde- und Stadtteilentwicklung zu sehen. Ein Ort der Begegnung, der aktiven Nachbarschaft und eines generationenübergreifenden Netzwerks entsteht, wo Familien das Gemeindeleben und den Sozialraum mitgestalten und zugleich Hilfe zur Erziehung, auch zur religiösen Erziehung, und Lebensgestaltung bekommen können.

Die Entwicklung eines Familienzentrums zu einem unterstützenden System verknüpft und koordiniert die vielfältigen Angebote und Fachdienste von den Kirchengemeinden, den Einrichtungen der Diakonie Düsseldorf, der Schuldnerberatung und der evangelischen Familienbildung.

Dadurch werden die präventiven und familienorientierten Angebote erweitert und Hilfe zur Erziehung und Bildung an den Bedarf angepasst. Kooperationen sind hilfreich und notwendig. Die Synergien, die sich aus der beschriebenen Zusammenarbeit ergeben, erweisen sich als Bereicherung und Stärkung der Familien und wirken sich zugleich identitätsstiftend in Kirche und Diakonie aus.

Die meisten evangelischen Kirchengemeinden sind auf diese Entwicklung vorbereitet. Sie haben in der Kinder- und Familienarbeit gute Erfahrungen gemacht und können nun die vorhandenen Strukturen und gemeindepädagogischen Ansätze nutzen. Das evangelische Profil eines Familienzentrums ist durch die religionspädagogische Arbeit in einer Kindertagesstätte bereits geprägt und eng mit dem Gemeindeleben verknüpft.

Damit verbunden sind theologisch erarbeitete Qualitätsmerkmale wie Vertrauen, Hoffnung, Neugier, Verantwortung oder Kreativität und eine offene Haltung der Nächstenliebe. Dazu gehört auch die Auseinandersetzung mit Themen des christlichen Glaubens, um Eltern und Besuchern des Familienzentrums zu befähigen und zu ermutigen, sich stärker an der religiösen Erziehung ihrer Kinder zu beteiligen.

Die Zusammenarbeit mit Ehrenamtlichen wird auch in einem Familienzentrum zu einem wesentlichen Kennzeichen evangelischer Arbeit. Ehrenamtliche werden auf diese Mitwirkung vorbereitet und fachlich gut informiert, um inhaltliche und generationsübergreifende Schwerpunkte in der pädagogischen Arbeit mitzugestalten.

Ein evangelisches Familienzentrum in der Nähe einer oder mehrerer Kindertagesstätten kann so zu einem stadtteilbezogenen Erfahrungsraum werden, in dem Familien sich treffen, Kurse und Veranstaltungen besuchen und ermutigt werden, eigene Ideen, Bedürfnisse und Fähigkeiten einzubringen.

Hier setzt die Entwicklung eines evangelischen Familienzentrums als Konzept der Gemeindeentwicklung an. Gemäß den für ein Familienzentrum genannten Anforderungen öffnet eine Kirchengemeinde ihre Räume und ermöglicht einen Ort der Begegnung. Dessen Angebote sollten alle Gruppen einbeziehen, auch die Benachteiligten und Ausgegrenzten.

BRÜCKEN ZWISCHEN ALTENPFLEGEHEIM UND KIRCHENGEMEINDE

Jeder fünfte Mensch verbringt seinen letzten Lebensabschnitt im Alten- und Pflegeheim. Der Umzug ins Heim fällt vielen Menschen schwer, da sie ihre vertraute Umgebung verlieren, sich von liebgewordenen Gewohnheiten verabschieden und erleben, dass ihre Kräfte nachlassen und die Abhängigkeit von anderen Menschen wächst.

Sie wissen, dass das Pflegeheim für sie der letzte Lebensort ist. Dies macht die Auseinandersetzung mit der eigenen Endlichkeit unumgänglich. Diese vielfältigen Veränderungen beim Heimeinzug sind besondere Herausforderungen für die alten Menschen selbst und deren Familienangehörige, aber auch für die Menschen, die im Heim tätig sind. Sie sind um das Wohl des alten Menschen besorgt und versuchen, das Heim zur Heimat zu machen, in der sich der alte Mensch gut aufgehoben und geborgen fühlt.

Die diakonische Dimension der Seelsorge ist ein wichtiges Bindeglied zwischen Kirchengemeinden und den Alten- und Pflegeheimen der Diakonie und steht für den inneren Zusammenhang von „Seel-Sorge“ und „Leib-Sorge“.

Die Bewohner von Altenpflegeheimen sind zum Teil Mitglieder der Kirchengemeinde, auf deren Gebiet sich das Heim befindet, und die Gemeinde hat den Auftrag, diese Menschen seelsorgerlich zu begleiten. In den Konzepten der Alten- und Pflegeheime der Diakonie Düsseldorf ist es ein wichtiges Anliegen, die Pflege und die Seelsorge miteinander in Austausch zu bringen. Seelsorge ist dabei keine „Sonderseelsorge“, sondern ein Teil der Gemeindearbeit, haupt- und ehrenamtliche Mitarbeiter sind für diesen Bereich verantwortlich.

Wegen ihrer körperlichen und oftmals auch psychischen Beeinträchtigungen können die Bewohner eines Altenpflegeheims häufig nicht mehr an den Angeboten einer Gemeinde teilnehmen. Damit aber die Bindung zur Gemeinde bzw. zu Menschen aus der Kirchengemeinde nicht abreißt, muss die Gemeinde „ins Heim kommen“.

In enger Zusammenarbeit mit den Verantwortlichen und Mitarbeitenden wird so eine Seelsorge entwickelt, die bei den Bedürfnissen der Menschen ansetzt und individuelle Begleitung ermöglicht. Hierzu gehören auch das Abschiednehmen und die Sterbebegleitung. Damit Menschen im Heim auch daheim sein können, gibt es viele Möglichkeiten, Brücken zwischen dem Altenpflegeheim und der Gemeinde zu schaffen, gerade auch für demenziell erkrankte Menschen, die auf vielseitige Impulse und Beziehungen von außen angewiesen sind.

Gottesdienste und Andachten, gemeinsame Seniorennachmittage, Besuchsdienst der Gemeinde, Begleitung beim Umzug, Gemeindebrief, Gesprächsangebote für Angehörige, Interessengruppen und gemeinsame Feste, aber auch eine im Heim stattfindende Presbyteriumssitzung können das Zugehörigkeitsgefühl zur Gemeinschaft und zur Gemeinde fördern.

Themen wie Leben mit Grenzen, Krankheit, Pflegebedürftigkeit sind Lebens- und Glaubensthemen, die im Gemeindealltag, in der Predigt im Gottesdienst, beim Gemeindefest, in der Erwachsenenbildung immer wieder zur Sprache kommen. Da Menschen gerade in Krisenzeiten besonders ansprechbar für spirituelle Angebote sind, können persönlich gestaltete Verabschiedungsfeiern Angehörigen, Bewohnern und Pflegenden helfen, Zugang zu ihren Gefühlen zu erlangen und Ängste zu bewältigen.

Kirchengemeinden und diakonische Einrichtungen leben und handeln in unterschiedlichen organisatorischen Zusammenhängen. Die kooperative Arbeit trägt Früchte, wo beide Partner bereit sind, sich in der Seelsorge im Alten- und Pflegeheim verlässlich zu engagieren und einen Schwerpunkt zu setzen. Es bewährt sich, für die Zusammenarbeit eine Projektgruppe einzusetzen, der interessierte und sachlich beteiligte Personen aus Kirchengemeinde und Einrichtung angehören, um eine gemeinsame und verbindliche Konzeption zu erarbeiten. Die regelmäßige Kommunikation hilft, dass ein Pflegeheim zu einem geistlichen Lernort werden kann.

In Einrichtungen wird Alltagsspiritualität, aber auch Sterbebegleitung praktiziert. Dabei ist ein Schlüsselelement der kooperativen Seelsorgearbeit fast überall ein ehrenamtlicher Besuchsdienst, der fachlich begleitet, fortgebildet und wertgeschätzt werden muss. Denn Seelsorge und erfahrbare Formen von Zugehörigkeit sind Aufgabe und Gabe der ganzen christlichen Gemeinde.

GEMEINWESENDIAKONIE – KIRCHE UND DIAKONIE MIT ANDEREN

Zusammen mit der Diakonie sind Kirchengemeinden in den Kommunen, im Stadtteil, im Quartier starke Partner, wenn sie sich als Träger öffentlicher Belange einmischen und damit auch Mitverantwortung für die soziale Stadtentwicklung übernehmen.

Die Kirche entwickelt mit der Diakonie dazu eine gemeinsame Handlungsoption im Sinne der Gemeinwesendiakonie, die sich als Anwalt für die „soziale Stadt“ profiliert und hierfür die strategische und operative Partnerschaft mit anderen anstrebt. Kirchengemeinden als lokale Akteure können ihre Möglichkeiten zur Gestaltung lokaler Entwicklungsprozesse und Projekte im Gemeinwesen nutzen.

Vor dem Hintergrund, dass der Gemeindeabbau und eine damit einhergehende Milieuverengung sich verstärken und gerade in sozialen Brennpunkten und benachteiligten Stadtteilen christliche Kirchengemeinden deutlich schrumpfen, sollten Kirchengemeinden und Diakonie gemeinsame inhaltliche und räumliche Schwerpunkte setzen.

Es geht um eine gemeinsame diakonische Gemeinwesenorientierung, die zunächst eine Selbstreflexion, auch im Blick auf das evangelische Profil, beinhaltet. Die Gemeinwesendiakonie findet ihre theologische Begründung und Bestimmung des sozial-diakonischen Engagements in der biblischen Tradition. In der Treue zu Gottes Schöpfung und dem mitten unter uns wachsenden Reich Gottes, in der Nachfolge Jesu und dessen öffentlicher Wirksamkeit sehen wir die Lebensräume und Lebensverhältnisse der Menschen vor Ort, mittendrin in ihren Sozialräumen, nehmen sie bewusst wahr, beziehen Position und arbeiten in Hoffnung auf eine neue, sich verändernde Gesellschaft ohne Ausgrenzung und Zerstörung mit anderen zusammen.

In der Praxis wird die Gemeinwesendiakonie geprägt und gefördert von einem neuen Diakonieverständnis, in dem die Einbindung diakonischer Einrichtungen in eine Gemeinde, in der sie beheimatet sind, eine neue Priorität erhält. Die lange Zeit der Trennung, in der die Diakonie gleichsam aus der Gemeinde delegiert wurde, liegt hinter uns. Dass die Diakonie aus der Gemeinde ausgewandert sei, ist ein verbreitetes Missverständnis. Ohne die Diakonie ist eine Kirchengemeinde im Sozialraum nicht präsent.

Losgelöst von den Prinzipien kirchengemeindlicher Diakonie hat sich eine eigene diakonische Struktur neben der verfassten Kirche, eine kirchliche Zweitstruktur, etabliert. Die Einrichtungen der Diakonie haben jedoch über Jahrzehnte hinweg mit ihrer fachlichen und räumlichen Weiterentwicklung etwas Neues geschaffen, das vorher nicht in den Kirchengemeinden vorzufinden war. Da sind die Alten- und Pflegezentren, die stationären und ambulanten Formen von Sozialarbeit und Pflegediensten, die Arbeit in Schulen, die Beratungsstellen oder die „zentren plus".

Am Bespiel der „zentren plus", einer sozialpolitischen Neuausrichtung in der Seniorenarbeit in Düsseldorf, kann deutlich werden, wie ein gemeinwesendiakonischer Prozess sich positiv entwickelt. Neun „zentren plus" sind in Düsseldorf in Trägerschaft der Diakonie, an fünf Orten eng über schriftliche Kooperationsvereinbarungen mit den jeweiligen Kirchengemeinden verbunden. Die Organisation dieser gemeinwesenorientierten Seniorenarbeit wird gesteuert über Stadtbezirkskonferenzen, Bedarfsanalysen, Zielbeschreibungen und Erkundungen des Stadtteils.

Das regelmäßige Wirkungscontrolling zeigt die hohe Akzeptanz dieser Arbeit, eine Vielzahl von gezielten Angeboten, Gemeinschafts- und Begegnungsformen, Informationsveranstaltungen, Beratungen und Möglichkeiten zur ehrenamtlichen Mitwirkung, aber auch Projekte und nachhaltige Formen von Kooperationen mit weiteren Akteuren im Sozialraum wie Wohnungsbaugesellschaften, Bezirksvertretungen, Einzelhandel, Familienzentren oder anderen Wohlfahrtsverbänden.

Diese innovative Neuausrichtung einer evangelischen Seniorenarbeit und die damit verbundenen Methoden sozialer Arbeit können in Kirchengemeinden anschlussfähig gemacht und in die Leitlinien der Gemeindearbeit aufgenommen werden. Die gemeinwesenorientierte Partnerschaft und Kooperation von Kirchengemeinden und Diakonie ist durch Ressourcen auf beiden Seiten zu stärken, gegenseitig wahrzunehmen und mit Achtung vor der fachlichen Arbeit der Partner, der Mitarbeitenden, der betroffenen und betreuten Menschen und dem Engagement der Menschen in der Gemeinde und im Gemeinwesen zu gestalten.

Diakonie und Kirche entdecken einander so als gemeinsame Akteure im Stadtteil und stärken über die vorhandenen Ressourcen und Arbeitsgebiete die Solidarität und die Beziehungen untereinander. Kirche und Diakonie entwickeln darauf aufbauend eine wichtige Basis für weitere Aktivitäten und Partizipationsprozesse, ein Konzept, das personenbezogen und unternehmerisch die Menschen im Blick hat, die in einem Stadtteil leben, handeln und gestalten.

So können durch ihre starke zivilgesellschaftliche Bindung insbesondere Kirchengemeinden Potenziale für Nachbarschaftsentwicklungen und Nachbarschaftszentren einbringen, die zusammen mit der örtlichen Diakonie zusätzliche fachliche Kompetenz und räumliche Kapazitäten erschließen lassen.

Kirche und Diakonie werden sich dabei auf neue Trägerkooperationen einlassen müssen, um die Wirkungen von Netzwerken und lokalen Zentren zu nutzen. Die Gemeinwesendiakonie ermöglicht damit allen Beteiligten eine neue Begegnung unterschiedlicher Kulturen, sozialer Milieus, religiöser und säkularer Überzeugungen. Dazu gehört eine fundierte theologische und ekklesiologische Reflexion und Grundhaltung, die die Frage klären hilft, ob wir Kirche für andere und mit anderen sein wollen.

Zum Stand der Dinge

Die Diakonie Düsseldorf

In fast allen Feldern der Diakonie Düsseldorf wurde mit den Leitungsteams und – sofern die Gelegenheit sich bot – auch mit Mitarbeitenden darauf reflektiert, was aus der Erfahrung heraus das Evangelische/Christliche an der eigenen Arbeit ist, welchen Erwartungen von außen die Mitarbeitenden begegnen, welche Erwartungen sie selbst an den Arbeitgeber Diakonie haben und ob Außen- und Innenwahrnehmung, Selbstbeschreibung und Fremdzuschreibung übereinkommen.

Interessant waren die Diskussionen, ob vom Leitbild angefangen bis zu theologischen Fortbildungen, theologischem Basiskurs für Mitarbeitende, den Einführungsveranstaltungen, den Diakoniegottesdiensten in der Bergerkirche/Diakoniekirche und in den Kirchengemeinden, Andachten in den Einrichtungen und andere Formen dem entsprechen, wie die Mitarbeitenden ihrer Arbeit geistlichen Ausdruck verliehen wissen möchten. Offen wurde besprochen, inwiefern Fachlichkeit in einen Gegensatz zum geistlichen Leben bei der Diakonie tritt, ob es sich um eine Ergänzung oder eine Verschränkung handelt.

Exemplarisch wird an den Bereichen Kindertagesstätten, Schulen, Wohnungslosenhilfe, Sucht und Altenhilfe versucht, eine Bestandsaufnahme zu formulieren. In vielen Gesprächen zeigte sich auch, dass Ideen bestehen, die diakonische Kultur miteinander weiterzuentwickeln. Diese Überlegungen sollen in der kommenden Zeit weiterverfolgt werden, sind aber nicht in diese Darstellung eingeflossen.

Heinz-Werner Frantzmann

EVANGELISCHE KINDERTAGESSTÄTTEN

Seit dem 1. Januar 2009 ist die Diakonie Düsseldorf Träger von 46 evangelischen Kindertagesstätten. Gemeinsam mit den jeweiligen Kirchengemeinden im Kirchenkreis Düsseldorf will die Diakonie ihren Auftrag zur christlichen Erziehung und Bildung erfüllen. Ziel ist es, Kindern und Familien in der christlichen Tradition Heimat zu geben, ihren Glauben zu stärken und sie zur Teilhabe am Gemeindeleben einzuladen und zu befähigen. Ein ganzheitliches Bildungsverständnis schließt religiöse Bildung und ethische Orientierung mit ein. Religiöse Bildung fördert Identitätsbildung und Dialogfähigkeit.

Dazu gehört ein eigenständiges, selbstbewusstes evangelisches Profil, das auch die Begegnung und den Dialog mit anderen Konfessionen und Religionen fördert. Eltern, die ihr Kind in einer evangelischen Kindertagesstätte anmelden, tun dies bewusst. Ein hoher Prozentsatz (50–80 %) der Familien erwartet, dass es ein erkennbares evangelisches Profil in der Einrichtung gibt. Die Erwartungen beziehen sich auf die religionspädagogischen und gottesdienstlichen Angebote, aber auch auf die Vermittlung christlicher Werte und die Einübung von Ritualen.

Die religiöse Erziehung wird größtenteils von den Eltern vertrauensvoll an die Mitarbeitenden in der Kindertagesstätte abgegeben. Die Begleitung der Kinder zu Gottesdiensten und gemeindebezogenen Veranstaltungen ist gegeben, zeigt aber stadtteilbezogen deutliche Interessenunterschiede. Gerade sozial schwächere Familien zeigen sich oftmals weniger motiviert, das evangelische Gemeindeleben über die Kindertagesstätte mitzutragen.

Eine durchaus bemerkenswerte Erkenntnis ist, dass Familien mit Migrationshintergrund und muslimische Eltern oftmals sehr bewusst eine evangelische Kindertagestätte wählen. Den Eltern ist eine Werteerziehung grundsätzlich wichtig. Die Erziehung im christlichen Glauben kommt zudem den muslimischen Bildungsansätzen sehr nahe: Toleranz, Würde, Vertrauen und Achtung, soziales Verhalten und Teilen.

Das geistliche Leben in einer evangelischen Kindertagesstätte lässt sich deutlich festmachen an der religionspädagogischen Arbeit, den regelmäßigen Gottesdiensten und Andachten in der Kindertagesstätte oder im Kirchengebäude, den Tischgebeten und an einer Grundhaltung den

Kindern und Eltern gegenüber, die geprägt ist von einem vertrauensvollen Dialog, der Einübung von sozialem Verhalten und gegenseitiger Achtung.

Aus dieser Haltung heraus wächst das Bewusstsein, mit anderen Gemeinschaft zu gestalten und für andere helfend da zu sein: Nächstenliebe. Dieses so erfahrbare und gelebte evangelische Profil ist den Mitarbeitenden bewusst und hilft, sich von anderen Anbietern unterscheiden zu können und als christliche Kindertagesstätte erkennbar zu bleiben. Das geistliche Leben wird nicht neben der pädagogischen Fachlichkeit gelebt, sondern ist ein wesentlicher, integrierter Bestandteil des Erziehungsauftrages. Der Qualitätsanspruch des geistlichen Lebens in den evangelischen Kindertagesstätten wird deutlich von der theologischen Vereinbarung geprägt, die zwischen Diakonie und den jeweiligen Kirchengemeinden schriftlich vereinbart wurde und darin konkrete, messbare Umsetzungen findet.

Die Erwartungen der Diakonie sind hinsichtlich des evangelischen Profils in der theologischen Vereinbarung klar beschrieben und definiert: Die Einbindung der Kindertagesstätte in das Gemeindeleben vor Ort soll gefördert und gestärkt werden und es sollen über die Entwicklung von Familienzentren missionarische Orte entstehen, die Familien an die Gemeinde und an Glaubensthemen heranführen und zum Mitwirken motivieren.

Das Leitbild „Wir leben Nächstenliebe“ wird von den Mitarbeitenden gern mitgetragen und ist im Umgang miteinander in den Kindertagesstätten, in der Abteilung und innerhalb der Diakonie eine hilfreiche Orientierung. Von vielen Erzieherinnen und Erziehern wird der theologische Elementarkurs als wertvolle und nachhaltige Fortbildung bewertet. Eine Fortbildung, die in der praktischen Arbeit umgesetzt wird und in den Vorbereitungen zu religionspädagogischen Themen eine neue, hilfreiche und selbstbewusste Grundlage darstellt.

Die Erwartung an den Arbeitgeber nach theologischer Begleitung, Fortbildung und Anleitung ist von einer hohen Motivation geprägt, das evangelische Profil als pädagogische Fachkraft glaubwürdig zu vertreten und im Kindertagesstättenalltag mit den KollegInnen im Interesse der Kinder und Familien umzusetzen.

Ein wesentlicher Unterschied zu einem anderen, nicht konfessionellen Arbeitgeber wird in dem biblischen Auftrag gesehen, die Botschaft des Evangeliums weiterzugeben. Davon geprägt ist die Gestaltung des pädagogischen Auftrages, aber auch die Erwartung an den Arbeitgeber, dass er in seinem Handeln und Reden den Mitarbeitenden gegenüber glaubwürdig und gerecht sein möge.

Die in der theologischen Vereinbarung definierten Formen des Zusammenwirkens von Kindertagesstätte und Kirchengemeinde zeigen einen messbaren Qualitätsstandard auf. Während des Kindergartenjahres sind mindestens fünf Kindergartengottesdienste und zwei Familiengottesdienste zu planen und durchzuführen. In der Vorbereitung und Umsetzung werden die Erzieherinnen vom zuständigen Gemeindepfarrer und von den Kirchenmusikern eingebunden.

Dabei wird das jährlich an einem Teamtag zu entwickelnde religionspädagogische Konzept als eine besonders wichtige Orientierung und Vertiefung verstanden und stärkt die Kommunikations- und Beteiligungskultur.

Erfreulich ist die Tendenz, dass sich immer mehr Erzieherinnen ermutigt und befähigt fühlen, biblische Geschichten im Gruppengeschehen einzubringen, zu erzählen und kreativ zu bearbeiten.

Religiöse Bildung zieht sich durch alle Bildungsbereiche, wie beispielsweise Sprache, Musik, Natur und Kultur sowie soziale und interkulturelle Bildung. Sie ist eingebunden in die übrigen Lebens- und Bildungszusammenhänge. Kinder begegnen religiösen Bräuchen und Symbolen. Dazu gehören Gebäude, Formen gelebten Glaubens, religiöse Feste, Themen, Lieder und Gebete sowie Zeiten im Jahreskreis.

Begründete Werte und Normen, die den Kindern Halt und Orientierung für ein gelingendes Leben geben können, werden altersgerecht vermittelt. Sie tragen zur Entwicklung und Stärkung der Persönlichkeit bei und zeigen Wege zu einem verantwortlichen Handeln sowie Solidarität mit den Schwächeren auf.

SCHULEN

OFFENE GANZTAGSSCHULE

Die offene Ganztagsschule im Primarbereich steht für eine besondere Lernkultur, die Schülerinnen und Schüler in ihren Begabungen und Fähigkeiten unterstützt, sie fördert und konstruktives Sozialverhalten einübt. Möglich wird dies durch die Zusammenarbeit mit gemeinwohlorientierten Institutionen, der Kinder- und Jugendhilfe, Organisationen aus Kultur und Sport sowie weiteren außerschulischen Partnern. Die offene Ganztagsschule bietet mehr Zeit für Bildung und Erziehung, eine bessere Rhythmisierung des Schultages und umfassende Angebote zur individuellen Förderung – von musisch-künstlerischer Bildung über Bewegung, Spiel und Sport bis zu sozialer und religiöser Bildung.

Die Diakonie Düsseldorf bietet an 25 Düsseldorfer Grund- und Förderschulen mit Primarstufe ein ganztägiges und ganzheitliches Bildungs- und Betreuungsangebot an. Das heißt, eine zuverlässige pädagogische Betreuung, in der Regel von 8 bis 16 oder 17 Uhr, den Pädagogischen Mittagstisch, Hausaufgabenhilfe, Freizeit- und Förderangebote, Bildungsangebote aus den Bereichen Musik, Sport, Kunst, Tanz, Natur, Ernährung, neue Medien und ein sechswöchiges Ferienprogramm von 8 bis 16 Uhr.

Die Erwartungen der jeweiligen Schule hinsichtlich der fachlichen Umsetzung eines ganztägigen und ganzheitlichen Bildungs- und Betreuungsangebots sind sehr hoch. Die Diakonie wird als christlicher Kooperationspartner bewusst gewählt. Die Reflexionsgespräche mit den Schulen zeigen, dass die Vermittlung von christlichen Werten und das Erleben von Traditionen und Ritualen begrüßt werden. Dabei hängt das Gestalten von geistlichem Leben sehr stark von der Haltung und dem Engagement der jeweiligen Schulleitung oder der Kooperationslehrer ab.

Die Mitarbeitenden selber verstehen ihre Arbeit vom Leitbild her und beschreiben als Beleg eine offene, vertrauensvolle Haltung gegenüber den im System Schule mitwirkenden Personen, die Verlässlichkeit und den Aufbau von tragfähigen Beziehungen, vor allem zu den Schülerinnen und Schülern und deren Eltern.

Rituale (Tischgebet, Lieder und biblische Geschichten) sind möglich und werden genutzt, um christliche Traditionen weiterzugeben. Die Erzieherinnen wünschen sich gerade für diese Formen und deren Umsetzung einen Raum der Stille innerhalb der Schule, um konzentrierter religiöse Themen zu bearbeiten. Der Kontakt zu den Kirchengemeinden ist eher selten und nicht strukturiert. Die Gemeindepfarrer und Gemeindepfarrerinnen sind oftmals nicht bekannt.

Einige Gemeinden bieten im Nachmittagsbereich Bildungsangebote über Musik- und Kindergruppen an, sind aber nicht sehr eng in das Geschehen des offenen Ganztags involviert.

Eine Zusammenarbeit in einem religionspädagogischen Team und mit den Religionslehrer/-innen wird als sinnvoll angesehen, um mehr

Sicherheit zu bekommen und Materialen zu erarbeiten, die regelmäßig eingesetzt werden können.

Das geistliche Leben innerhalb der Diakonie mitzutragen und gemeinschaftlich zu gestalten ist durch die Teilzeitbeschäftigung vieler Mitarbeitender und die dezentrale Struktur begrenzt. Die Bergerkirche als symbolischer Ort einer christlichen Dienstgemeinschaft wird hoch bewertet und die dort stattfindenden Veranstaltungen mit Interesse verfolgt.

SCHULSOZIALARBEIT

Die Schulsozialarbeit der Diakonie stellt im Alltag der Schülerinnen und Schüler eine wichtige Verbindung zwischen der Schule, dem Elternhaus und dem sozialen Umfeld her. Schulsozialarbeit arbeitet direkt vor Ort in der Schule und ergänzt dadurch diesen wichtigen Lern- und Lebensort. Darüber hinaus werden Kinder und Jugendliche auch außerhalb der Schule wahrgenommen, ihre Entwicklung gefördert und begleitet.

Schulsozialarbeit arbeitet präventiv, interveniert und bietet verlässliche, tragfähige und vernetzte Angebote für Schülerinnen und Schüler und deren Eltern. Bildung im Sinne der Jugendhilfe bedeutet für die Schulsozialarbeit, Fähigkeiten zu trainieren, die eine zukunftsorientierte und selbstbestimmte Lebensgestaltung ermöglichen. Hierbei werden soziale, kreative, körperliche, kognitive und religiöse Aspekte berücksichtigt.

Die Erwartungen an Schulsozialarbeit orientieren sich im System Schule sehr deutlich an der geforderten Fachlichkeit von Sozialpädagog/-innen und Sozialarbeiter/-innen. Dabei wird die Diakonie als kompetenter Partner wahrgenommen und geschätzt. Im Blick auf Formen des geistlichen Lebens wie Gottesdienste, Rituale oder religiöse Themen gibt es seitens der Schule nur selten erkennbare und klar ausgesprochene Erwartungen. Jedoch werden religiöse Ansätze und Angebote toleriert und zu bestimmten Anlässen auch inhaltlich und personell mitgetragen. Zum Beispiel: Schulentlassfeiern, aktuelle Themen und Ereignisse oder Krisen, die durch plötzliche Todesfälle bedingt sind. Die Grundhaltung der Schulleitung, des Lehrerkollegiums und der Eltern, geistliches Leben in der Schule anzubieten und zu entwickeln, ist insgesamt positiv.

Es gilt jedoch in allen Schulformen (Förder-, Grund-, Haupt-, Realschulen) zu bedenken, dass die Schulsozialarbeit es mit einer Vielzahl von Religionen und Kulturen zu tun hat. Oftmals sind es gerade muslimische

Schüler und Schülerinnen, die konkrete religiöse Fragen und Themen ansprechen und an Informationen und Diskussionen interessiert sind. So waren der Besuch im Abrahamhaus und die sehr anschauliche Begegnung mit den abrahamitischen Religionen (Christentum, Judentum, Islam) für viele Schulklassen eine wichtige und verbindende Erfahrung.

Die Mitarbeitenden in der Schulsozialarbeit kennen die Erwartungen der Diakonie als Arbeitgeber. Sie identifizieren sich mit dem Leitbild und wissen, dass sie mit ihrer fachlichen, themenbezogenen Arbeit immer auch christliche Werte vermitteln und im Miteinander erleben können. Nächstenliebe zeigt sich in der Haltung, Kinder und Jugendliche mit ihren Stärken und Potenzialen zu sehen, ihnen bei der Bewältigung von Problemen und Krisen zu helfen und die Eltern in der Erziehung zu unterstützen. Nächstenliebe geschieht über gemeinsames Leben in der Schule. Hier entstehen tragfähige Beziehungen, die den Kontakt zueinander erleichtern.

Die Angebote innerhalb der Diakonie, die das geistliche Leben in Gemeinschaftsformen außerhalb der Schule fördern und vermitteln wollen, werden als ausreichend, innovativ und authentisch angesehen. Eine Diskussion über das geistliche Leben in Schulen und in der Diakonie empfinden die Mitarbeitenden als angemessen, notwendig und hilfreich, um die eigene Haltung und Position zu reflektieren.

Die Bereitschaft, das geistliche Leben in den Schulen zu fördern und intensiver mitzugestalten, ist bei vielen Mitarbeitenden in der Schulsozialarbeit gegeben und zeigt sich zum Beispiel in der Vorbereitung und Durchführung eines schülerbezogenen Diakoniegottesdienstes in der Bergerkirche.

Vereinzelt gibt es an Schulen das Zusammenwirken von evangelischen und katholischen Gemeindepfarrern und Schulsozialarbeit. Eine grundsätzlich definierte Kooperation und Anbindung an eine Kirchengemeinde, an Religionslehrer/-innen oder an theologische Mitarbeitende ist wünschenswert und notwendig, um das geistliche Leben in Schulen zu fördern.

Thorsten Nolting

GESUNDHEIT UND SOZIALES

Die Bahnhofsmission, der ökumenische Vorposten der Diakonie in der mobilitätsgeprägten Zone des Düsseldorfer Hauptbahnhofs, ist als kleine Einrichtung stark herausgefordert. Die Haupt- und Ehrenamtlichen müssen sich den Problemlagen der Besucher/-innen stellen, sie einschätzen, finden sich vielen Fragen ausgesetzt und sollen Hilfe an diesem besonderen Ort gewähren.

Der großen Sehnsucht nach konkreter Hilfe wird mit Offenheit und Vertrauen begegnet. Hauptsignal ist, dass hier kein Mensch aufgegeben wird, in welcher schwierigen Lebenslage er oder sie sich auch befinden mag. Bei einem Drittel der Besucherinnen und Besucher spielen Glaubensfragen eine Rolle und die Bahnhofsmission erweist sich als auskunftsfähig aus eigener Überzeugung, die das Gegenüber ermutigt und stärkt. Die Teamgespräche werden genutzt, um sich vorzubereiten, und gemeinsam mit den Tagesstätten für Wohnungslose – Horizont, Shelter und Café Pur – wird das Format „Wat glaubste" angeboten. Gefordert ist in der Arbeit auch eine bedingungslose Annahme der Personen, die die Räume aufsuchen, da bei vielen Besuchern eine hohe Sensibilität besteht, die rasch in Enttäuschung und Aggression umschlagen kann. Es ist besondere Geduld erforderlich, da sich Erfolge – gerade in den Tagesstätten für Wohnungslose – oft erst nach vielen zeitintensiven und emotionalen Investitionen aus einer nicht wirklich prognostizierbaren biografischen Situation der Klienten ergeben. Die Mitarbeitenden beschreiben ihre eigene Haltung als immer etwas mehr als das, was sozialarbeiterisch erwartbar ist. So haben sich die Teams zum Beispiel entschieden, Beerdigungen zu begleiten, sofern Kenntnis darüber besteht, dass eine Besucherin oder ein Besucher verstorben ist.

Die enge Kooperation mit den Kirchengemeinden ist hilfreich, weil in gemeinsamen Gottesdiensten Anteil an der Arbeit für Gefährdete in Predigt und Fürbitte genommen wird und weil sie für die Mitarbeitenden und die Besucherinnen und Besucher im Laufe des Kirchenjahres eine Beheimatung ermöglichen.

Im Friedrich-Naumann-Haus, einer Rehabilitationseinrichtung für Personen mit besonderen sozialen Schwierigkeiten gemäß §67 SGB XII, wird Vertrauen aufgebaut, indem anders Denkende und anders Glaubende integriert werden. Von Zeit zu Zeit werden Andachten aus besonderem Anlass gehalten. Die Resonanz ist unterschiedlich und es wird darauf geachtet, das Christliche nicht gegen anderes zu profilieren.

Wichtig ist für die Mitarbeitenden in diesem Bereich ein gemeinsames Engagement für soziale Gerechtigkeit, das sich auch darin ausdrückt, sich für Randgruppen öffentlich einzusetzen. Dies gilt auch angesichts der zunehmenden Bedrohung durch Armut von Menschen im Hartz-IV-Bezug, deren Situation und Chancen als Langzeitarbeitslose sich immer weiter verschlechtern. Exemplarisch wird dies deutlich in der Sozialberatung im Zusammenhang der Lebensmittelausgaben. Hieraus ergibt sich für die Diakonie häufig die Aufgabe, für die Rechte der Klienten zu streiten, um Teilhabe an den gesellschaftlichen Gütern zu ermöglichen.

Im Feld der Migration und Flucht geht es aus Sicht der Mitarbeitenden neben dem gebotenen fachlichen Setting darum, Seriosität, Glaubwürdigkeit und eine christliche Wertorientierung zu zeigen. Dies in Kombination mit sozialpolitischem Engagement ist die Basis dafür, existenziell verunsicherten Flüchtlingen den Respekt entgegenbringen zu können, der für die Bearbeitung ihrer Anliegen nötig ist. Das entspricht auch der Nachfrage der Klienten, die von einem konfessionellen Träger erwarten, dass über den Glauben gesprochen werden kann, dass sie Seelsorge erfahren. Hier ist durchaus eine große Offenheit für Glaubensfragen willkommen und es entwickeln sich in diesem Bereich auch Formen, die angeboten werden, wie etwa Andachten, Gebete und Besinnung für Klienten, besonders in den Fällen, wo nahe Angehörige verstorben sind. Auch die Kooperation mit Kirchengemeinden bewährt sich sehr, so etwa bei Konfirmandentagen, bei Gemeindefesten, beim evangelischen Arbeitskreis Asyl, aber auch neuerdings verstärkt in der Kooperation mit afrikanischen Freikirchen, die vom Sachgebiet beraten werden.

Insgesamt werden die Angebote, die die Diakonie mit Gottesdiensten, Andachten und theologischen Fortbildungen macht, als ausreichend bewertet. Eine Rückmeldung ist, dass es von einigen – meist Evangelischen – bereits als einengend empfunden wird.

Die Abteilung Suchtkrankenhilfe und Betreuungen versteht sich selbst so, dass bei der Diakonie ein hohes Bemühen besteht, den Menschen in den Mittelpunkt zu rücken, jeden Menschen als wertvoll und einzigartig zu sehen und ressourcenorientiert zu arbeiten. Anders wäre in der Arbeit mit psychisch Kranken und Suchtkranken kein Erfolg möglich. Wichtig ist, authentisch auf Augenhöhe zu handeln. Nicht: „Wir wissen, was für Sie gut ist", sondern an die Stelle von Bevormundung die Einladung zu stellen, dass wir helfen bis zu dem Moment, wo jemand selber wieder zurechtkommt. „Es gibt für uns keine hoffnungslosen Fälle. Der Blick geht über die Defizite, den Hilfebedarf, die Krankheit, Behinderung usw. hinaus. Jeder Mensch hat Ressourcen und die Fähigkeit für kreative Lösungen." Auch die bislang wenig erforschte Krankheit der Computerspielsucht und das Komatrinken von Jugendlichen versucht sich die Abteilung von dieser Haltung her therapeutisch zu erschließen.

So steht neben der qualitativ und fachlich hochwertigen Arbeit immer auch die Anforderung in der Diakonie, allen Klienten und Kollegen mit Respekt zu begegnen und vorbildlich für das Leitbild einzutreten. Die Erwartung besteht allerdings auch, dass der Arbeitgeber sich so verhält, wie die Mitarbeitenden sich den Klienten gegenüber.

„Wir gestalten Zukunft." Auch für Mitarbeitende werden die Ressourcen gesehen und Perspektiven eröffnet, damit es zur persönlichen Weiterentwicklung im Arbeitsfeld kommt. Das bezieht sich neben der fachlichen Fortbildung auf eine angemessene, gerechte Entlohnung, die den beruflichen Anforderungen entspricht.

Die Klienten selbst haben in der Regel keine speziellen Erwartungen an die Diakonie als evangelischen Träger. Für Kontaktpersonen von Suchtkranken ist die Diakonie ein verlässlicher Partner, der für Qualität und vertrauensvolle Zusammenarbeit bürgt. Auch bei Kostenträgern steht die Diakonie für eine professionelle Arbeit. Der Diakonie wird Vertrauen entgegengebracht.

In dieser Abteilung wie bei der Wohnungslosenhilfe ist eine Erfahrung, die Mitarbeitende mit der Diakonie verbinden und als Haltung bejahen, dass die Diakonie *nicht kneift*. Bei der Errichtung des Helmut-Gollwitzer-Hauses in Düsseldorf-Rath war für die Klienten und gegen große Teile der Wohnbevölkerung daran festzuhalten, dieses Haus für 24 chronisch Mehrfachabhängigkeitskranke zu errichten. Hier hat sich die Kirchengemeinde als stabiler Partner erwiesen beim Eintreten für das Wohnrecht dieser Menschen im Stadtteil.

In allen Einrichtungen werden Klienten zu Gottesdiensten und Andachten eingeladen. Es gibt Rituale und Traditionen zu kirchlichen Festen wie etwa Weihnachten mit dem Betreuungsverein in der Versöhnungskirche oder die besondere Weihnachtsfeier im café drrüsch am Heiligabend. Es gibt Kooperationen mit Kirchengemeinden, besonders im Markushaus und im Helmut-Gollwitzer-Haus, mit dem Ziel der Integration und sozialen Einbindung von Bewohnern und auch der Einrichtungen vor Ort ins Gemeindeleben. Diakonie arbeitet mit Gemeinden zusammen, etwa bei Infotagen zum Thema Sucht oder Patientenverfügungen.

Als eine große Gemeinsamkeit in diesem Bereich fällt auf, dass die Themen Wohnungslosigkeit, Flucht, Asyl und Sucht ein großes Interesse in den Kirchengemeinden wecken und deshalb häufig Einladungen in den Konfirmandenunterricht, in die Diakonieausschüsse, zu Diakoniegottesdiensten in den Gemeinden und auch zu einzelnen Fragestellungen, zu Vorträgen und Diskussionen erfolgen.

Annette Hohnwald

LEBEN IM ALTER

Wenn ich nicht mehr für mich selbst sorgen kann, wenn ich bei der täglichen Körperpflege, bei der Nahrungsaufnahme, bei den kleinen und großen Dingen des Alltags Hilfe benötige, wenn ich mich selbst nicht mehr orientieren kann, möchte ich jemanden zur Seite haben, dem ich vertrauen kann, der mir liebevoll, aber diskret hilft, meine Grundbedürfnisse zu stillen, der mir Sicherheit gibt, wenn ich die Orientierung verliere, der mich an die Hand nimmt, wenn ich ängstlich und unsicher werde.

Genau aus diesem Grund genießen die Pflegeheime und ambulanten Pflegedienste der Diakonie Düsseldorf in der Bevölkerung großes Ansehen und Vertrauen, verbunden aber auch mit sehr hohen Erwartungen: Menschen wählen bewusst ein Pflegeheim der Diakonie für sich oder ihre Angehörigen aus in der Hoffnung, dort nicht nur auf gute Fachlichkeit, sondern auf besonders großes Engagement der Mitarbeitenden zu stoßen. Sie erwarten ein höheres Maß an „Nächstenliebe und Menschlichkeit“ in Pflege und Begleitung. Sie erwarten, dass sie als Person wahrgenommen und wertgeschätzt werden und nicht nur allgemein als „zu Pflegende“. Es wird erwartet, dass liebevoll mit ihnen umgegangen wird, dass nicht nur pflegerische Notwendigkeiten abgehakt werden, sondern dass ihnen wirkliche Zuwendung und Verständnis entgegengebracht werden, dass Zeit für sie da ist. Sie möchten darauf vertrauen, dass sie gut versorgt werden, dass sie sich in ihrer letzten Lebensphase wohlfühlen können, sich keine Sorgen mehr machen müssen. Letztendlich erhoffen sie, dass sie in ihrer letzten Lebensphase Geborgenheit und Sicherheit erfahren.

Auch die Mitarbeitenden entscheiden sich meist sehr bewusst für die Mitarbeit in einer christlichen bzw. evangelischen Einrichtung. Mitarbeitende beschreiben die Grundatmosphäre als „irgendwie anders“, menschlicher, wertschätzender, kollegialer, christlicher. „Hier spielen Würde, Respekt und Achtsamkeit im Umgang miteinander noch eine große Rolle!“ Mitarbeitende fühlen sich in ihrer Individualität wertgeschätzt, in ihren Fragen oder Anliegen gehört und in ihrer Fachlichkeit gefördert. Sie erfahren, dass Nächstenliebe nicht nur im Umgang mit den Bewohnerinnen und Bewohnern der Pflegeheime eine Rolle spielt, sondern fühlen sich auch in eigenen Schwierigkeiten durch Kolleginnen und Kollegen und ihre Vorgesetzten verstanden und getragen.

Dabei wird das Christliche nicht als „erzwungen oder aufgedrückt" empfunden, sondern als christliche Grundhaltung, als offenes „Aufeinander-Zugehen", gegenseitiges Wahrnehmen und Wertschätzen.

Menschen werden in ihrer Ganzheitlichkeit gesehen und geachtet, körperliche wie seelische Bedürfnisse wahrgenommen. Eine sehr hohe Fachlichkeit und Qualität der Arbeit ist selbstverständlich, die Mitarbeitenden erhalten hochqualifizierte Aus- und Fortbildungen. Sie werden selbst in ihrer anspruchsvollen Arbeit durch Supervisionsangebote und Seelsorge begleitet. Kooperationen mit anderen Berufsgruppen und interdisziplinärer Austausch sind für eine am Menschen orientierte, ganzheitliche Versorgung unerlässlich.

Die intensive und oft auch über lange Zeit erfolgende Pflege und Betreuung einzelner Menschen in den Pflegeeinrichtungen der Diakonie sowie häufige intensive Sterbebegleitung bedeuten für die Mitarbeitenden oft eine hohe zusätzliche seelische Belastung. Die letzte Lebensphase eines Menschen wird von den Mitarbeitenden der Diakonie bewusst in den Blick genommen und nach den Wünschen des sterbenden Menschen und seiner Angehörigen begleitet und gestaltet.

Viermal jährlich trifft sich der Arbeitskreis „Kultur des Sterbens", um über eine sensible und individuelle Sterbebegleitung in den Einrichtungen der Diakonie zu beraten. Die Qualitätsstandards für stationäre und ambulante Sterbebegleitung werden regelmäßig geprüft und gegebenenfalls überarbeitet oder ergänzt. Der Arbeitskreis setzt sich aus Mitarbeitenden der Pflege, den sozialen Diensten, Qualitätsmanagement und Abteilungsleitenden zusammen und wird von der Mitarbeitenden-Seelsorgerin geleitet. In den einzelnen Pflegeheimen selbst beraten hausinterne Qualitätszirkel über die konkrete und individuelle Umsetzung.

Die Leitlinien des Arbeitskreises betonen, dass das Sterben als Teil des Lebens verstanden und begleitet wird. Palliative Fachlichkeit ist fest verknüpft mit menschlicher Anteilnahme. Es wird auch und gerade in der Sterbesituation mit allen Beteiligten (Pflegenden, Betreuenden und Angehörigen) ein Netz der Hilfe und Zuwendung geknüpft, in dem sich die Menschen in ihrem Sterben gehalten fühlen sollen.

Daher werden insbesondere die Mitarbeitenden im Bereich Leben im Alter von einer Seelsorgerin begleitet. Es finden regelmäßige

Teamgespräche (Pflege, sozialer Dienst, Verwaltung, Service) statt, in denen die Mitarbeitenden die Möglichkeit haben, über ihre Erlebnisse, ihre Befindlichkeit, über schwierige Situationen zu sprechen und sich auszutauschen. Auch seelsorgliche Einzelgespräche und individuelle Begleitung werden von den Mitarbeitenden wahrgenommen.

Zur beratenden Unterstützung der Mitarbeitenden in ethisch schwierigen Entscheidungssituationen wurde im letzten Jahr ein interdisziplinäres Ethik-Komitee gegründet.

Auch und gerade für das Thema Sterbebegleitung werden Fortbildungen angeboten und Materialien zur Verfügung gestellt: So hat beispielsweise im September 2010 ein interdisziplinärer Fachtag zum Thema „Berührend begleiten“ stattgefunden; die Kurzreferate verschiedener Fachreferenten (Superintendent und ehem. Hospizleiter Pfarrer Ulrich Lilie, Medizinethiker Dr. Arnd May und Palliativmediziner Dr. Claudius Löns) und die Workshops dienten sowohl der fachlichen Weiterbildung und Sensibilisierung der Mitarbeitenden der (gesamten) Diakonie Düsseldorf, der diakonieinternen Vernetzung als auch der intensiveren Vernetzung mit Hausärzten, Schmerztherapeuten, Hospizdiensten und Ehrenamtlichen in Düsseldorf und Umfeld.

Die Mitarbeitenden sind gern bereit, auf Wunsch (am Sterbebett) auch geistliche Texte zu lesen bzw. ein Gebet zu sprechen. Daher wurde als Hilfestellung von einer Arbeitsgruppe das Materialheft „Rituale“ erstellt, mit dessen Hilfe Mitarbeitende ohne viel eigene Vorbereitung eine Zimmerandacht, ein Ritual zur Sterbebegleitung oder zur Verabschiedung eines verstorbenen Menschen halten können. Eine angehängte Textsammlung gibt Möglichkeit und Anregung zu freier Gestaltung.

Die Diakonie Düsseldorf arbeitet eng mit den umliegenden Kirchengemeinden zusammen. In jeder Pflegeeinrichtung finden regelmäßig Gottesdienste statt, zu denen Bewohner/-innen und Mitarbeitende eingeladen sind. Auch Gedenkfeiern für Verstorbene werden in Zusammenarbeit mit den Kirchengemeinden vor Ort durchgeführt.

Die Abteilung Seelsorge des Kirchenkreises hat im September dieses Jahres einen runden Tisch eingerichtet, der über die strukturellen und inhaltlichen Möglichkeiten der Seelsorge in Alten- und Pflegeheimen austauscht und berät.

Autoren

HEINZ-WERNER FRANTZMANN

Pfarrer bei der Diakonie Düsseldorf seit 2003. Koordiniert die Zusammenarbeit zwischen Diakonie und evangelischen Kirchengemeinden. Die Förderung nachhaltiger Projekte in den Gemeinden zum diakonischen Gemeindeaufbau gehört ebenso zu seinen Aufgaben wie die Mitwirkung an Konzepten zur Ehrenamtskoordination.

–

PROF. DR. EBERHARD HAUSCHILDT

Seit 1997 Professor für Praktische Theologie, Schwerpunkt Seelsorge, Diakonie und Gemeindeaufbau an der Universität Bonn. Seit 1998 geschäftsführender Direktor des Instituts für Hermeneutik Bonn. Seit 2004 Kollegiat der Deutschen Forschungsgemeinschaft (DFG).

–

ANNETTE HOHNWALD

Mitarbeitendenseelsorgerin bei der Diakonie Düsseldorf seit 2009. Krankenhausseelsorgerin in Düsseldorf 2005–2009. Sie leitet den Arbeitskreis „Kultur des Sterbens“ und das Ethik-Komitee der Diakonie Düsseldorf und ist Mitglied im Qualitätszirkel „Gerontopsychiatrie“ sowie im Qualitätszirkel „Gewalt in der Pflege“.

–

PROF. DR. DR. H.C. WOLFGANG HUBER

2003–2009 Ratsvorsitzender der Evangelischen Kirche in Deutschland, 1994–2009 Bischof der Evangelischen Kirche Berlin-Brandenburg-schlesische Oberlausitz, 1984–1994 Professor für Systematische Theologie an der Universität Heidelberg, 1980 Professor für Sozialethik an der Universität Marburg.

KLAUS-DIETER KOTTNIK
2007–2009 Präsident des Diakonischen Werkes der EKD, 1991–2007 Theologischer Vorstand der Diakonie Stetten, 2002–2007 Vorsitzender des Bundesverbandes evangelischer Behindertenhilfe.

–

ADOLF-LEOPOLD KREBS
Diplom-Sozialpädagoge, Fachvorstand der Diakonie Düsseldorf seit 1993, von 1981 bis 1993 Referent für Tageseinrichtungen für Kinder im Diakonischen Werk EKIR und Geschäftsführer des Rheinischen Verbandes Evangelischer Tageseinrichtungen für Kinder, 1976–1981 praktische Erfahrungen in der Heimerziehung, Tageseinrichtungen für Kinder und Lehrtätigkeit.

–

ULRICH LILIE
Seit 2010 theologischer Vorstand der Graf-Recke-Stiftung in Düsseldorf. 2007–2010 Superintendent des Kirchenkreises Düsseldorf und 1993–2010 Pfarrer an der Friedenskirche in Düsseldorf. Arbeitete viele Jahre in der Seelsorgeausbildung und als Regionalmentor von Vikarinnen und Vikaren. 1994–2010 im Kuratorium der Diakonie Düsseldorf tätig.

–

THORSTEN NOLTING
Diakoniepfarrer des Kirchenkreises Düsseldorf und Vorstandsvorsitzender der Diakonie Düsseldorf seit 2002. 1994–2002 Pfarrer der Johannes-Kirchengemeinde, Leiter des Arbeitsbereichs Kirche in der City. 2000–2011 Leiter des Labors für soziale und ästhetische Entwicklung an der Bergerkirche.